MÉMOIRES

HISTORIQUES

DE

MARIE-THÉRÈSE-LOUISE DE CARIGNAN,

PRINCESSE

DE LAMBALLE,

Une des principales Victimes des Journées des 2 et 3 Septembre 1792;

PUBLIÉS PAR Mme. GUÉNARD,

BARONNE DE MERÉ.

QUATRIÈME ÉDITION.

TOME PREMIER.

A PARIS,

Chez LEROUGE, Libraire, passage du Commerce, quartier Saint-André-des-Arcs.

1815.

MÉMOIRES

DE LA PRINCESSE

DE LAMBALLE.

I.

DE L'IMPRIMERIE DE LEFEBVRE,
RUE DE BOURBON, N°. 11, F. S.-G.

M.T. LOUISE DE SAVOIE CARIGNAN,
PRINCESSE DE LAMBALLE.
Née à Turin le 8 Septembre 1749.

AVERTISSEMENT

DE L'AUTEUR.

NÉE, pour ainsi dire, en même temps que Louis XVI, et à une époque où son illustre maison semblait n'avoir à craindre aucune des vicissitudes du sort, j'avais appris à l'aimer, à l'honorer, comme on apprend à penser ; et cet amour, si naturel alors à tous les Français pour le sang de nos rois, je l'éprouvais pour tout ce qui portait le nom de *Bourbon*. J'avais atteint cet âge où les souvenirs, les habitudes ont déjà acquis une grande force ; sans que les sentimens aient rien perdu de leur énergie, quand une révolution, qui n'a point d'exemple dans les fastes de l'histoire, vint tout bouleverser autour de moi. Les élémens, se heurtant dans l'horreur du chaos, peuvent seuls offrir une image du désordre qui succéda à ce gouvernement paternel qui avait, depuis quatorze siècles, fait le bonheur de nos ancêtres et le nôtre. Tout avait changé de place ; et non-seulement les institutions n'étaient plus les mêmes, mais les opinions, les principes étaient si différens de ce qu'ils étaient peu avant, que l'on aurait dit qu'une autre génération avait remplacé celle au milieu de laquelle j'avais vécu. Cependant, en descendant au fond de mon cœur, je me trouvai toujours la même, et ce fut pour moi un besoin de dire ce que je pensais, ce que j'avais vu.

Mon profond respect pour le plus infortuné des monarques, ma tendre pitié pour les maux sans nombre que lui et sa famille ont soufferts dans ces jours d'horreur, dont chaque Français doit rougir ; l'indignation que je ressentais à l'idée des crimes de leurs bourreaux, en fallait-il davantage pour guider ma plume ? A peine l'orage avait-il cessé de gronder, que, défiant la foudre, je signalai à la postérité les monstres qui avaient déchiré le sein de ma malheureuse patrie, et je couvris de fleurs les tombes encore entr'ouvertes de leurs illustres victimes. Mânes de Louis, d'Antoinette, d'Elisabeth et de Lamballe ! ce n'est qu'en vous invoquant que j'ai pu peindre dignement les vertus dont vous n'avez brillé que trop peu d'instans sur cette terre de douleur. Ah ! si mon faible talent est resté au-dessous de mon sujet, il m'est du moins bien doux de songer que j'ai été, peut-être, une des premières qui ait fait couler les larmes de mes concitoyens au récit de vos souffrances.

La terreur, qui avait trop long-temps comprimé jusqu'aux sentimens de pitié, avait perdu son empire ; on ne craignait plus de se montrer sensible. Je dus sans doute à cette disposition des cœurs l'accueil favorable que le public fit à ceux de mes ouvrages où j'avais retracé les malheurs qui ont frappé nos princes ; et je dois avouer que je ne vis pas leurs succès sans une grande joie, parce que je me disais : Personne ne pourra les lire sans rendre justice à la mémoire de Louis XVI, et sans abhorrer les principes des scélérats qui ont mis la France sur le penchant de l'abîme ; mais aujourd'hui que, par un bonheur inespéré, tout est rentré dans l'ordre, et que nous voyons un Bourbon assis sur le trône de ses pères, je me demande s'il est nécessaire de livrer de nouveau à la presse les Mémoires d'un temps dont on voudrait effacer le souvenir ; je me demande quel pourra être désormais leur avantage ; et, considérant la situation des esprits, je vois beaucoup de crimes et d'erreurs prêts à tomber dans l'oubli ; une partie de la génération qui fut ou complice ou victime des ennemis du repos public, a disparu du séjour des vivans ; la plupart de ceux que la faux du temps ou la hache des bourreaux a respectés, fatigués des commotions qui se succèdent depuis vingt ans, perdent de vue la source de nos troubles civils, pour ne sentir que le mal présent ; et, n'aspirant qu'au repos, ils accusent de ce qu'ils souffrent ceux qui en sont innocens, pour ne pas se donner la peine de rechercher les causes premières de nos calamités. Une autre génération, qui, maintenant dans la vigueur de l'âge, sera bientôt appelée aux emplois et aux charges publiques, se souvient à peine des évènemens qui

se sont passés, lorsque les hommes qui
la composent étaient encore au berceau,
enivrés de tous les prestiges de la gloire
qui, pendant quelques instans, nous a
élevés au-dessus de toutes les nations,
ils ne songent seulement pas aux temps
qui ont précédé ceux de notre grandeur
décevante ; et quand leurs intérêts, leurs
goûts, leurs passions, sont froissés, ils
ne savent que murmurer et se plaindre
de la situation des choses, sans réfléchir
qu'elles ne sauraient être différentes.
Quand j'entends le plus grand nombre,
au lieu d'adresser des actions de grâces
à l'Etre des Etres, qui nous a préservés
d'une destruction totale, rendre responsable de malheurs, suite inévitable
des secousses révolutionnaires, un gouvernement qui peut avec peine raffermir
l'état sur ses bases, je me dis : Les Français ont encore besoin qu'on leur rap-
pelle ces temps de crimes, uniques causes
de tous les désastres qui nous accablent
depuis plus de vingt ans ; qu'on leur
peigne de nouveau leurs véritables ennemis dans ces hommes infernaux qui
ne se plaisaient qu'au milieu des ruines,

et qui ont failli nous faire disparaître du nombre des états de l'Europe pour se gorger de notre sang ; il faut, pour nous apprendre à respecter les institutions civiles et religieuses, nous faire rougir de l'abaissement où nous étions tombés lorsque, esclaves avilis d'une poignée de scélérats, nous permettions à ces furies de commettre impunément des forfaits que la postérité refusera de croire. Oui, ce n'est qu'en nous reportant, par la pensée, à cette cruelle époque, que nous apprendrons à bénir ceux qui nous ont rendu un joug salutaire. Imitons, je le veux, la clémence du monarque ; et en exposant à tous les yeux les crimes qui ont été commis, cachons, autant que nous le pourrons, les noms des coupables qui ont survécu aux tempêtes qu'ils ont excitées ; mais qu'aucune considération, qu'aucune faiblesse ne puisse engager à jeter un voile sur le passé, qui doit nous servir de leçon sur l'avenir. Pardonnons aux coupables, mais soyons sans indulgence pour leurs affreux principes. Que l'imprudent jeune homme qui se permet de fronder le gouvernement, frémisse en voyant jusqu'à quel degré de honte nous avait conduit l'esprit d'indépendance et d'irréligion. Nous sommes loin, dira-t-on, d'avoir rien de pareil à redouter. Je veux le croire; mais je pense que, semblables à un infortuné qui vient de sortir d'un accès de fièvre chaude, nous ne sommes pas assez assurés de notre guérison pour n'avoir besoin d'aucun des secours de l'art; et je crois qu'il n'y a pas, pour nous, de remèdes plus salutaires qu'un tableau exact des premières scènes de l'horrible tragédie dont nous avons pensé être tous les victimes, puisque rien ne peut mieux nous faire sentir tous les dangers de l'anarchie, et nous inspirer une plus juste haine contre les hommes qui auraient conservé dans leur cœur des principes ou des opinions révolutionnaires. Cette idée m'engage donc à offrir au public une nouvelle édition des Mémoires de la princesse de Lamballe, parce que je suis convaincue qu'il n'y a pas un Français qui, en lisant cet ouvrage, ne soit effrayé à la seule idée des atrocités auxquelles le peuple peut se porter quand il a brisé le frein des lois, et qu'il n'y a pas un de nous qui ne fût disposé à tout souffrir plutôt que de permettre qu'on osât désormais ébranler un trône sur lequel reposent la sûreté et le bonheur publics.

MÉMOIRES

HISTORIQUES

DE

MARIE-THÉRÈSE-LOUISE DE CARIGNAN,

PRINCESSE

DE LAMBALLE.

C'est à l'histoire qu'il appartient de conserver les grands évènemens qui servent à l'instruction des siècles ; aussi ne doit-elle être confiée qu'à une plume exercée, qui réunisse, à une critique éclairée, cette mâle éloquence qui convient à la grandeur du sujet qu'elle doit peindre.

Mais il est des personnages illustres par la place qu'ils ont tenue dans la société, et par les revers dont leur carrière a été semée, qui fixent l'attention des hommes. Leur vie privée tient si essentiellement aux grands intérêts politiques, qu'elle ne peut être indifférente à leurs contemporains. C'est alors que l'on n'exige pas le génie de Tacite, pour retracer ces détails qui se perdraient, en quelque sorte, au milieu des grands évènemens servant, comme le dit un écrivain célèbre, de phares sur les frontières de l'oubli.

Pour tracer ces vies particulières, on ne veut que la vérité parée de ses seules grâces ; ce ne sont que de simples Mémoires. Tel est l'objet que je me propose, en écrivant l'histoire de Marie-Thérèse-Louise de Carignan, princesse de Lamballe, de l'illustre maison de Savoie, qui eut différentes alliances avec celle de France. On n'a point oublié que François Ier.., le plus brave et le plus aimable des chevaliers de son siècle, était fils d'une princesse de Savoie, et que ce fut à elle que l'on dut en partie la renaissance des lettres, par l'accueil que les savans trouvaient auprès d'elle. Avec quelle joie n'avait-on point vu élever à la cour de Louis-le-Grand, cette jeune princesse de Savoie, formée par madame de Maintenon, que des historiens passionnés ont jugée bien différemment, mais à qui on ne peut refuser au moins le talent si rare de l'éducation ! Couple chéri, qui aviez eu des instituteurs d'un si grand mérite, vous ne fûtes montré qu'un instant au peuple sur qui vous deviez régner, et votre mort sembla le signal des désastres qui éclipsèrent l'éclat du règne le plus glorieux de cette longue dynastie. Mais il était resté un fils de la duchesse de Bourgogne, qui conservait sur le trône un tendre souvenir d'une mère qu'il avait perdue lorsqu'il était à peine sorti du berceau : le portrait de cette aimable princesse, placé dans la chambre de Louis XV, lui rappelait les grâces de sa mère dont il avait hérité, cette physionomie charmante où se peignait l'âme la plus tendre, et telle qu'eût été celle du roi s'il avait eu des amis dignes de lui. Un habile artiste avait préservé de la nuit des temps madame la duchesse de Bourgogne, qui semblait sourire à sa nombreuse postérité.

Il y eut donc toujours une amitié

constante entre les deux maisons ; et si la politique avait paru les diviser quelquefois, les liens du sang, ordinairement si méconnus des grands, les réunissaient promptement ; d'ailleurs, elles avaient l'une pour l'autre l'estime que leur inspiraient les grandes qualités de leurs aïeux. Si la maison de Savoie s'enorgueillissait d'être l'alliée de Henri IV et de Louis XIV, celle de Bourbon pouvait être fière de compter pour son parent Emmanuel-le-Grand, duc de Savoie, qui joignait aux qualités qui font les grands capitaines, l'esprit le plus vaste et le plus orné. L'espagnol, l'italien, lui étaient aussi familiers que le français qu'il parlait avec éloquence. La mémoire la plus étendue ne lui avait pas fait perdre la fraîcheur de l'esprit ; ses réparties étaient aussi vives qu'agréables. Au milieu des camps il se délassait avec les lettres ; il composa plusieurs ouvrages intéressans. Enfin, il semblait que la nature s'était plu à lui prodiguer tous les dons qui eussent rendu célèbre un simple particulier, mais surtout celui de gagner les hommes tellement, que Fuentes et Pierre de

Tolède, gouverneurs de Milan, n'osèrent plus traiter directement avec lui,
dans la crainte qu'il ne les fît manquer
à leur devoir. Il fit construire des palais
magnifiques ; et si ce n'est pas à lui que
la Savoie dut le chemin connu sous le
nom des Echelles, il eut au moins la
gloire de faire fléchir, sous sa puissance,
le sourcilleux roc de Sorges ; pour y
tracer un chemin de voiture là où les
mulets passaient avec peine. Sa table,
comme dit un auteur du 17me. siècle,
était une académie des plus savans per-
sonnages de son temps ; ils s'y entrete-
naient familièrement avec lui de discours
solides et curieux. Le cardinal de Richelieu, qui ne prodiguait pas les éloges,
disait souvent qu'*il ne connaissait pas*
d'esprit plus fort, plus universel ni plus
agissant que celui du duc de Savoie. Mo-
déré dans la victoire, il fut constant
dans la digrace. Son extrême discrétion
aurait pu passer pour dissimulation, si
ses hautes qualités ne l'eussent pas mis
à couvert d'être accusé d'un vice qui est
celui des âmes basses. L'amour fut sa
seule faiblesse ; mais qui ne sait que
c'est celle des héros ! Peut-être parce

que les femmes naturellement idolâtres de la gloire, volent au-devant de la sé-duction. Tel fut le chef de la maison de Carignan. Qui aurait dit que le sang d'une des descendantes du grand Emmanuel serait versé par les mains les plus viles? O destinée des hommes! qui pourrait te pénétrer? Si l'ombre de ce héros a pu voir les outrages faits à celle qui le comptait parmi ses ancêtres, et dont j'écris les Mémoires, de quelle horreur n'a-t-elle pas dû être frappée! Mais écartons cette terrible catastrophe : je serai assez malheureuse, lorsque l'ordre des temps me forcera à en retracer l'affreux souvenir, sans y porter d'avance mes regards effrayés.

Depuis long-temps la cour de Sardaigne était citée pour sa noble simplicité. Le roi vivait dans la plus douce intimité avec sa famille, et se faisait adorer de ses sujets. Ce n'est point l'adulation des courtisans qui lui décernait cet hommage ; il suffisait d'interroger ces bons Savoyards que le désir de porter un peu de notre or dans leur pays, faisait sortir du leur, pour entendre l'éloge de ce prince : ils l'appelaient leur bon roi, leur père, et en retournant dans leur patrie, ils regardaient comme une véritable félicité de le revoir encore.

Le prince de Carignan, qui tenait à la cour de Sardaigne le même rang que le duc d'Orléans tenait à celle de France, avait épousé une princesse de Hesse, et en avait plusieurs enfans, entr'autres trois filles. Madame de Carignan devint encore grosse ; et le 8 septembre 1749, au moment où elle s'habillait, afin de se rendre au palais pour une fête qui avait lieu tous les ans à l'occasion de la levée du siége de Turin par les Français, en 1706, elle ressentit des douleurs, et accoucha d'une quatrième fille. Ainsi, cette princesse, qui fut nommée Marie-Thérèse-Louise, reçut la naissance au milieu des acclamations de la joie publique, et ses premiers cris, ces cris que la douleur arrache à l'enfant, comme le signal de toutes celles qui l'attendent dans la triste carrière de la vie, furent en quelque sorte étouffés par ceux de l'allégresse commune, tandis que les sanglots de sa terrible agonie le furent par les rugissemens de ses atroces bourreaux.

Les Grâces semblaient avoir pris plaisir à la former ; elle se faisait distinguer par les qualités les plus aimables , autant que par l'agrément de sa figure, douce ; sensible et affable. Elle était adorée de tout ce qui l'entourait. Ses père et mère l'idolâtraient, et se plaisaient à présider eux-mêmes à l'éducation que leur haut rang leur permettait de faire donner à la jeune princesse ; et ceux qui l'ont connue, savent combien elle en profita. Sa mère, surtout, la regardait avec orgueil : cet orgueil d'une mère, le seul qui puisse s'allier avec la sensibilité, parce qu'il y prend sa source. Elle la destinait, dans son cœur, à briller à la cour la plus renommée par sa politesse et le faste qui y régnait. Oui, disait-elle à son époux, Louise a toute l'élégance d'une française ; je suis persuadée qu'elle ne serait point déplacée parmi les princesses de la cour de notre auguste allié. Plusieurs princes de cette maison sont du même âge qu'elle ; je désire vivement que le choix de Louis XV tombe sur cette chère enfant pour en faire l'épouse de l'un d'eux ; et dût-elle n'avoir que le dernier rang parmi les princesses de cette illustre maison, je m'estimerais encore heureuse de l'y voir placée. Ainsi, nos vœux insensés pour l'avenir, qui se dérobe à nos faibles regards, se portent avec avidité sur ce que nous rejetterions avec effroi, si les malheurs qu'ils entraînent nous étaient connus.

Le roi de Sardaigne, dont le fils avait une nombreuse famille, désirait que ses petites-filles fussent mariées aux petits-fils de Louis XV, et croyait qu'un des moyens le plus sûr d'y parvenir, était d'unir une des princesses de Carignan avec un Bourbon; et depuis long-temps ce mariage était le but des instructions secrètes de ses ambassadeurs. Tout concourait donc à l'accomplissement de la destinée de la jeune princesse tandis qu'elle acquérait chaque jour des grâces nouvelles, que ses vertus et ses connaissances la rendaient l'amour et l'admiration de la cour de Savoie. Jetons un coup-d'œil rapide sur celle de France à cette époque.

Déjà la vertu avait perdu son plus ferme appui dans la personne du Dauphin, fils de Louis XV. Ce prince, dont les rares qualités faisaient l'espoir de la nation, vit ses jours lentement consumés par une maladie dont tout l'art des médecins ne put arrêter les funestes progrès. Il mourut en décembre 1765. Le peuple s'était porté en foule dans les temples ; la consternation était générale. Mais en vain avait-on redemandé au ciel un prince dont les années étaient remplies par les vertus : il avait obtenu, comme récompense de sa haute piété, de son attachement constant à ses devoirs, le bonheur de ne pas survivre à la grandeur de sa famille, et avait reçu une couronne éternelle en échange d'une qui attira de si cruels revers sur son malheureux fils. M. le Dauphin possédait toutes les vertus dont la piété était la base. Très-instruit dans l'art de gouverner, dont il faisait sa principale étude, on ne le vit jamais se mêler d'intrigues. Son respect pour son père égalait sa tendresse pour sa femme et pour ses enfans. Il prouva que ni l'éclat des cours, ni la flatterie des courtisans, ne peuvent servir de véritable excuse aux désordres où se livrent les princes. Appelé au premier trône du monde, il conserva la même pureté de mœurs, la même modération que s'il eût été le fils d'un simple particulier; aussi vit-il approcher la mort sans effroi, et ses seuls regrets furent de se séparer de ce qu'il aimait, et surtout de ses sœurs, qui lui étaient infiniment chères.

Madame la Dauphine, qui l'aimait à l'idolâtrie, ne pouvait se consoler de sa perte; et attaquée de la même maladie qui avait enlevé son époux, elle descendait insensiblement au tombeau. Son cœur avait été, quelques années avant, déchiré par la mort de son fils aîné. Cet enfant, qui avait à peine atteint son second lustre, possédait les qualités de l'âge mûr. Il lui restait encore cinq enfans, trois garçons et deux filles. Avec quelle douleur elle pensait qu'ils allaient rester sans guides, au milieu des écueils qui environnaient leur jeunesse; car elle ne pouvait se dissimuler que Louis XV, quoiqu'il aimât sa famille, était trop abandonné aux plaisirs pour veiller lui-même aux soins que demandait leur éducation. La reine, tout occupée de Dieu, songeait peu aux choses de la terre. Il ne restait que madame Adélaïde, fille aînée de de Louis XV, qui pût leur donner d'utiles conseils.

Jamais femme ne réunit plus de qualités essentielles et aimables; mais, quelle différence, pour les jeunes princes, de l'autorité paternelle, à l'inrérêt qu'une tante pouvait prendre à eux! Ils avaient, il est vrai, un gouverneur, en qui madame la Dauphine avait la plus grande confiance; mais ceux qui l'ont connu, étaient loin d'en avoir une opinion aussi avantageuse. Le duc de Lavauguyon avait une apathie extrême pour tout ce qui n'était pas lui; et tout le monde sait que ce qui l'occupait le plus était de composer, avec son maître-d'hôtel, le menu de son dîner. Quant aux dames à qui les princesses étaient confiées, jamais choix ne fut plus heureux. Madame la princesse de Marsan semblait avoir été destinée par Dieu même pour former les enfans des rois; aussi les jeunes princes, tant qu'ils restèrent dans ses mains, furent-ils les plus aimables enfans que l'on pût voir, et les princesses qui eurent le bonheur de n'en point sortir, furent des femmes accomplies. Les principes d'une religion épurée, le courage et ses vertus qu'elles avaient reçus d'elles, et des dames qui la secondaient, et dont le mérite égalait l'importance de leurs fonctions, joints aux heureuses dispositions que ces jeunes plantes tenaient de la nature, leur a fait supporter, avec une constance héroïque, les malheurs inouis que leur a causés une révolution qui n'a point d'exemple.

Les jeunes princes étaient dans l'âge heureux où les intrigues des cours ne les occupaient pas encore. Il s'en fallait cependant que les courtisans fussent tranquilles. Depuis la mort de madame de Pompadour, on ne savait si le roi nommerait une nouvelle favorite, ou, si touché de l'attachement que la reine lui avait conservé, et sensible à la vive tendresse de ses filles, et surtout de celle de madame Adélaïde, il ne réformerait pas entièrement ses mœurs : tels étaient les vœux des honnêtes gens de la cour. Deux autres partis cherchaient au contraire à le rengager dans le désordre ; mais tous deux voulaient nommer celle qui disposerait des grâces.

Mademoiselle Romance, nièce de feu l'abbé de Bourbon, avait eu un moment l'espoir de remplacer la marquise ; mais elle n'avait que sa beauté et son attachement pour le roi, et rien de ce qu'il fallait pour cette place, qui, à la honte des mœurs, était devenue, depuis plusieurs règnes, comme une grande charge de la couronne.

Quoique madame de Pompadour n'existât plus au moment dont nous parlons, étant morte le 15 avril 1764, je crois nécessaire de tracer le portrait de cette femme, à qui ses intrigues survécurent. Ses talens, son esprit, ses grâces l'avaient fait sortir d'une classe obscure, par son mariage avec monsieur Lenormand, bon gentilhomme, quoique fermier-général, pour la faire paraître dans la société avec une sorte d'éclat : mais loin de se trouver infiniment heureuse d'une fortune aussi peu attendue, elle brigua sans pudeur le droit d'afficher publiquement sa honte, se faisant déclarer maîtresse de Louis XV. Cependant elle eut de nombreux partisans parmi les hommes de lettres et les artistes qu'elle fit combler de faveurs, et qu'elle était digne de protéger par son goût et ses connaissances. On lui attribue les encouragemens donnés à la manufacture de porcelaine : ce fut elle, en effet, qui détermina le roi à faire transporter celle établie au château de Vincennes, à Sèvres, où l'on construisit un bâtiment qui coûta des sommes immenses; tandis que M. Hocquart de Coubron avait trouvé, bien avant, cette belle terre dont il avait déjà fait modeler plusieurs vases connus encore sous le nom de blanc de Veaux, qui, par sa perfection, égalait celui du Japon. Les frais qu'il avait faits pour cette importante découverte, furent entièrement perdus ; et un privilége exclusif donné à la nouvelle manufacture, fit à M. de Coubron un tort irréparable, et empêcha ce qu'il avait espéré, et ce qui aurait été, de rendre la porcelaine aussi commune en France, et par conséquent aussi bon marché qu'à la Chine. Mais il fallait que la favorite trouvât quelques moyens de distraire le roi qui venait souvent avec elle encourager les travaux. C'est ainsi que l'intérêt ou l'orgueil de ceux qui maîtrisent les gouvernans, dessèche les sources de la prospérité des empires; mais si madame de Pompadour nuisit, en cette occasion, au progrès des arts, elle leur fut utile dans beaucoup d'autres. Elle aurait rendu le règne de Louis XV célèbre par les chef-d'œuvres dont elle partagea la gloire en protégeant les auteurs, si celui de Louis XIV, par son éclat dans la république des lettres, n'eût éclipsé tout ce qui l'avait précédé, comme il affaiblissait d'avance tout ce qui devait le suivre.

Si madame de Pompadour avait eu le bon esprit de s'en tenir à ce seul moyen de faire sentir son influence, on pourrait la mettre au rang de ces femmes qui ont couvert, par leurs qualités brillantes, l'irrégularité de leur conduite; mais elle voulut gouverner; et elle n'avait pas cette sensibilité et cet amour de la véritable gloire qui rendra Agnès Sorel à jamais chère à la France. Ses choix pour le ministère avaient des motifs si éloignés de ceux qui devraient déterminer, lorsqu'il est question des places importantes, qu'ils ne pouvaient être heureux; et son animosité contre ceux qui osaient la voir comme une simple mortelle, priva le roi des hommes les plus sages, et dont les vues étaient les plus utiles. Enfin, c'eût été avec raison que la France aurait pu lui rede-mander celui qu'elle avait nommé son bien-aimé, avant que cette femme se fût emparée des plus chères affections de Louis ; et vainement on cherchait dans l'amant de madame de Pompadour, le héros de Fontenoy. Quelques personnes regardent qu'elle a rendu à la France un service signalé par l'expulsion des Jésuites, qui fut son ouvrage et celui de M. le duc de Choiseul. Je n'entrerai dans aucunes discussions à ce sujet, elles m'écarteraient de celui que j'ai entrepris : je dirai seulement que si cet ordre, qui a fait tant de bien, avait subsisté, la révolution eût été pres-qu'impossible.

A la mort de la marquise, le duc de Choiseul se saisit de tout l'empire qu'elle avait sur l'esprit du monarque, qui, doué des qualités qui le rendaient si digne du trône, n'en voulait cependant faire aucun usage, et s'en rapportait toujours à l'avis de ses ministres, quoique souvent il sentît bien que le sien eût été meilleur. Rien ne se faisait plus que par la volonté du duc, qui détourna le roi de faire aucun choix parmi les beautés qui briguaient ce honteux honneur. Ainsi l'ambition servit, pour un instant, l'honnêteté publique, et l'on espéra que la cour allait reprendre, sans cagotisme, cette dignité de mœurs si nécessaire dans ceux qui sont à la tête des empires, afin qu'elles soient respectée par le peuple, pour qui la corruption est le sceau du malheur.

Louis XV, environné de sa famille, paraissait s'y plaire. Ce fut à cet instant que M. le duc de Penthièvre, dont le roi avait toujours respecté la haute piété, se rapprocha davantage de la cour. Son fils, M. le prince de Lamballe, était en âge de se marier. Le duc, inquiet de ses liaisons avec des hommes sans mœurs, dont cependant il était fort loin de soupçonner les suites funestes, pensait qu'une femme belle et aimable ramènerait facilement ce fils qu'il chérissait, entraîné hors des bornes du devoir par l'impétuosité de la jeunesse, qui, n'étant pas encore fixé, portait à des objets incapables de l'attacher, cet hommage qui ne peut rendre heureux celui qui l'offre, qu'autant que celle à qui il est adressé en est digne. M. le duc de Penthièvre, qui connaissait toutes les bontés de Louis XV pour lui, et qui les méritait, s'en rapporta entièrement au roi du choix de celle dont il attendait le bonheur de son fils et le charme de ses vieux jours, par les enfans qu'elle lui donnerait. Hélas ! il ne savait pas que le ciel, qui se plaît à éprouver les justes, lui refuserait à jamais ce bien si désiré, et qu'en lui accordant une fille digne de toute sa tendresse dans l'épouse de son fils, il se préparait à le frapper du coup le plus sensible qui ait jamais atteint le cœur d'un père ! Le roi entra, avec le plus tendre intérêt, dans les vues du duc de Penthièvre, et son attachement pour la maison de Savoie l'engagea à jeter les yeux sur la princesse de Carignan. Il chargea son ambassadeur, M. de Choiseul-Gouffier, de la demander au roi de Sardaigne.

Ce fut le 8 janvier 1767, que ce ministre en parla à Charles-Emmanuel III, grand-père de celui qui règne en ce moment. Les propositions furent acceptées avec joie, et, dès le même jour, le prince et la princesse de Carignan en parlèrent à leur fille, qui n'apprit pas sans chagrin qu'il fallait qu'elle se séparât d'un père et d'une mère qui lui étaient si chers. Cependant le portrait du prince, qui lui fut remis, ne pouvait que lui plaire ; d'ailleurs, il était fils de M. le duc de Penthièvre, dont les vertus et les qualités aimables étaient connues de toute l'Europe, et surtout en Italie, où il avait voyagé après la mort de la duchesse, qu'il avait rendue si heureuse par sa constante tendresse : tout devait donner à la princesse l'espérance d'une félicité sans bornes. Elle savait que M. le prince de Lamballe avait été élevé par son père, en qui elle espérait retrouver celui dont elle se séparait avec tant de sensibilité ; n'aurait-elle pas aussi, dans mademoiselle de Penthièvre, qui n'avait que quatre ans de moins qu'elle, une sœur qui la dédommagerait de la douce union qui régnait entre les princesses de Carignan ? Nommer mademoiselle de Penthièvre, c'était nommer la vertu, la douceur et les grâces. A peine était-elle arrivée au printemps de son âge, qu'elle jouissait déjà de cette réputation que le souffle empoisonné de l'envie n'a pas même osé ternir dans le long cours de ses adversités.

Mademoiselle de Carignan ne s'unirait pas à une famille étrangère ; elle trouverait, dans Louis XV et ses enfans, des parens qui l'aimeraient, en mémoire de leur aïeule ; les frontières du pays qu'elle allait habiter, étaient celles de celui qu'elle quittait ; peu de jours suffisaient pour se rendre d'une capitale à l'autre. Destinée, par le sort des personnes de son rang, à ne pouvoir espérer se marier dans sa patrie, il était difficile qu'elle fût plus près de sa famille : d'ailleurs, quelle étrangère n'avait pas entendu parler avec éloge de la cour de France ? La liberté dont on y jouissait, la recherche, le goût, la magnificence, la rendaient célèbre, et la France était, pour ainsi dire, la patrie de toutes les femmes jeunes et belles. Que de motifs, pour la princesse, de voir, dans le mariage que les rois avaient en quelque sorte contracté pour elle, l'espoir du bonheur !

Le 14, le mariage fut déclaré à la famille royale et aux personnes de la cour, qui félicitèrent le prince et la princesse de Carignan. Le 17, le roi signa le contrat, où M. de Choiseul-Gouffier parut comme fondé de pouvoirs de M. le duc de Penthièvre. L'acte fut reçu par le comte de Sainte-Victoire, ministre d'état, faisant les fonctions de notaire de la couronne. Le moment arrivait qui allait fixer la destinée de la jeune princesse. Son âme pure n'avait jamais ressenti d'autres impressions que celle de la tendresse filiale et de l'affection pour ses frères et sœurs ; mais, depuis qu'elle était instruite que son mariage était décidé avec le prince de Lamballe, son jeune cœur volait au-devant des chaînes qui lui étaient préparées. — Oui , je l'aimerai, disait-elle à sa mère, sa physionomie est aimable ; elle annonce un caractère franc et sensible ; d'ailleurs, il est si doux d'aimer son époux ! — Ah ! puissiez-vous, lui répondait la princesse de Carignan, passer avec lui des jours aussi heureux que ceux que le ciel avait accordés au duc et à la duchesse de Penthièvre ! Ils n'avaient qu'une âme ; et, trouvant leur bonheur dans l'exercice constant de toutes les vertus, ils semblaient ne s'aimer que pour celui qui les avaient unis, et ils montraient aux courtisans l'exemple d'une constance et d'une fidélité presqu'inconnues à la cour. Pourquoi a-t-il fallu que des nœuds si fortunés aient été rompus ! Vous auriez trouvé, dans madame de Penthièvre, une mère qui vous aurait guidée au milieu des écueils qui attendent une jeune personne à son entrée dans un monde pervers. Je compte, il est vrai, ma chère fille, sur les principes que vous avez reçus, je n'ose dire sur les exemples que je vous ai donnés, beaucoup sur les bons conseils de l'excellent prince dont vous allez devenir l'enfant chérie; mais je ne puis cependant n'être pas effrayée en vous voyant seule, entourée de femmes dont l'extérieur est si léger, qu'il est difficile de ne pas douter de la régularité de leurs mœurs, et d'hommes qui mettent leur vanité à perdre celles qui sont assez imprudentes pour les écouter; je puis même vous parler avec confiance : et au moment où vous allez changer d'état, je ne dois pas vous laisser ignorer un sujet d'inquiétude qui trouble la joie que je ressens de votre mariage. J'ai appris que M. de Lamballe, entraîné par la fougue de l'âge, s'est lié avec des hommes sans mœurs, qui pourraient lui faire le plus grand tort. J'aime à croire que la calomnie exagère leur inconduite ; cependant, employez l'ascendant qu'une jeune femme qui aime, et qui cherche à plaire à son époux, a toujours lorsqu'elle n'exige que des choses raisonnables, pour lui faire rompre des liaisons qui pourraient détruire votre bonheur ; mais n'employez jamais que la voix de la persuasion. De votre côté, ne vous entourez que de femmes d'une vertu irréprochable ; et votre époux, forcé d'estimer tout ce qui vous approchera, rougirait de conserver des liaisons intimes avec des hommes méprisables. Dieu me garde de ranger dans cette classe un des premiers personnages de la cour de France, que l'on dit l'ami de M. de Lamballe. Je suis bien persuadée qu'il n'est point parvenu au dernier degré de corruption, et qu'il changera de conduite quand le feu de la jeunesse sera calmé ; mais, jusques-là, tenez-le à une distance de vous, qui apprenne au prince ce que vous pensez de la conduite de son cousin. ——C'est ainsi que cette mère tendre prévoyait les maux que des hommes vicieux attireraient sur sa malheureuse fille, en faisant partager à son époux leurs dangereux plaisirs. Soyez, ajouta-t-elle, très-réservée dans le choix d'une confidente. Tant de femmes, dont les intentions vous paraîtront droites, chercheront à surprendre votre confiance et envenimeront les confidences innocentes que vous leur aurez faites de vos peines secrètes! Car il ne faut pas vous imaginer que l'état du mariage n'en cause jamais ; et, en se faisant de votre confiante amitié une arme dangereuse, elles aliéneront de vous, pour jamais, le prince votre époux, pour s'emparer de son cœur. J'aime bien mieux que vous n'instruisiez que moi seule des chagrins que vous pourriez éprouver ; je tâcherai non-seulement de les adoucir, mais de vous donner les conseils que votre situation exigera. —— Je suis trop reconnaissante, madame, reprit mademoiselle de Carignan, de vos bontés, pour ne pas m'honorer de vous avoir pour mon unique amie, et je vous promets que vous serez la seule qui lirez dans mon cœur; puissé-je n'avoir qu'à me féliciter, avec vous, des égards et de la tendresse du prince! Je l'espère, ma fille, et mon attachement pour vous est si grand, que, si je ne m'en flattais pas, je n'aurais pu me résoudre à me séparer de l'enfant qui m'est le plus cher; mais, enfin, la couronne de roses de l'hymen n'est pas sans épines. Je vous le répète, il n'est rien que la douceur, la patience, et surtout une conduite irréprochable, ne puissent faire changer, avec un mari jeune et sensible, comme l'est sûrement celui qui vous est destiné; surtout, ne vous laissez pas corrompre par l'esprit d'irréligion, que l'on assure faire de grands progrès en France. Mon enfant, je n'examine point si les philosophes ont tort ou raison, mais je sais bien qu'ils ne me rendraient jamais ce qu'ils m'auraient ôté, s'ils pouvaient éteindre en moi cette douce piété qui nous met en quelque sorte en rapport avec Dieu même. D'ailleurs, il est difficile que celui qui ne croit rien puisse toujours se conduire avec sagesse, principalement une femme,

dont les fautes n'ont que Dieu pour témoin et pour juge. Au surplus, n'ou-
bliez pas qu'il n'est point de rang si élevé
qui ne puisse éprouver des revers. Quelle
consolation alors peut être solide pour
celui qui n'attend rien après cette vie
périssable ? Mais ce que je vous dis vous
sera encore plus prouvé par l'exemple
du duc de Penthièvre, qui, au milieu
d'une cour corrompue, n'en est pas
moins resté fidèle aux principes de notre
auguste religion. Imitez sa piété, sans
affecter rien de contraire à votre âge et
à votre rang, et surtout sans vous opposer, dans les choses qui sont indifférentes en elles-mêmes, aux goûts de
votre époux : c'est le seul reproche que
l'on puisse faire à la reine de France,
et c'est, dit-on, ce qui lui a fait perdre
l'amour du roi. Mais vous avez reçu du
ciel de l'esprit et une âme élevée, qui
vous serviront à vous conduire avec pru-
dence. — Soyez sûre, lui dit-elle en l'em-
brassant tendrement, que mon cœur
vous suivra dans tous les instans de la
vie ; que je prierai Dieu, du plus profond de mon cœur, de vous combler de
toutes sortes de biens.

3*

Telles furent les instructions de cette mère respectable, et ses vœux pour sa fille au moment où elle se rendit à la chapelle du palais, pour y recevoir la bénédiction nuptiale des mains du cardinal Delance, grand aumônier du roi, en présence de Sa Majesté et de la reine, de leur auguste famille et des grands officiers de la couronne : le prince Victor de Carignan représentait le prince de Lamballe. En sortant de la chapelle, le roi donna la main à la princesse, et la conduisit dans la salle de parade, où madame de Lamballe, suivant l'usage, coucha toute habillée devant toute la cour, avec le prince son frère, qui seulement se déchaussa d'une jambe, tandis que de l'autre il avait une botte et un éperon : cérémonie bizarre, dont on ignore l'origine, mais qui se pratiquait dans toutes les cours, dont le but était que la princesse ne perdît pas son douaire, quand bien même le prince viendrait à mourir avant son arrivée.

Le roi et la reine comblèrent madame de Lamballe de témoignages de tendresse ; on assure même que le roi lui recommanda, à voix basse, de ne point oublier ses petites-filles, et d'employer le crédit que ses grâces et son esprit lui donneraient à la cour de France, pour les y faire venir. Elle répondit par les assurances de son respect et de son attachement. Il y eut un banquet magnifique, où la princesse parut vêtue à la française ; ce qui contrastait avec l'habillement gothique des dames sardes.

Elle partit le même jour pour la France, dans les carrosses du prince son père ; elle ne put quitter ce prince, ainsi que ses frères et sœurs, sans la plus vive émotion. Sa mère ne put se résoudre à être témoin de son départ ; un pressentiment douloureux semblait l'avertir que sa fille allait au-devant de la plus affreuse destinée. Elle arriva le 24 au pont de Bauvoisin : en traversant le pont qui séparait les deux états, elle éprouva un serrement de cœur involontaire ; quelques larmes s'échappèrent de ses yeux, et tournant ses regards vers ces montagnes qui, par leur élévation, semblent rapprocher les distances, elle ne se croyait pas encore à plus d'une journée de la ville qui l'avait vu naître.

Cependant, en calculant le nombre des jours qu'elle avait mis à s'en éloigner, elle ne fut que trop persuadée qu'un grand espace était déjà entre elle et sa famille.

Mais bientôt elle fut retirée de la profonde rêverie où cette pensée l'avait jetée, par l'arrivée du chevalier de Lastic, gentilhomme d'honneur du duc de Penthièvre, qui lui présenta madame la comtesse de Guébriant, madame la marquise d'Aché, et les officiers qui étaient destinés à son service : elle reçut les complimens dont M. de Lastic était chargé de la part de M. le duc Penthièvre et du prince de Lamballe, avec la plus grande sensibilité, et accueillit avec infiniment de bonté les dames et ceux qui composaient sa maison, à qui elle distribua les présens que le prince son père leur envoyait ; et après avoir donné à sa camera-major, qui l'avait accompagnée jusqu'aux frontières, mille témoignages de reconnaissance et d'attachement, et l'avoir chargée de présenter ses respects à son père et à son auguste famille, elle se sépara de sa suite, à qui M. de Lastic remit des dons dignes de la magnificence française.

La princesse monta dans le carrosse du duc de Penthièvre, avec le chevalier de Lastic, et mesdames de Guébriant et d'Aché, qui, par l'agrément de leur conversation, dissipèrent peu à peu l'impression de tristesse que cette dernière séparation avait laissé dans l'âme de madame de Lamballe. Ils l'entretinrent de l'empressement que le prince son époux avait de la voir ; ils vantèrent son esprit, les grâces de sa physionomie, l'élégance de sa personne, et ne cessaient de répéter qu'on ne pourrait jamais voir un couple plus accompli. Rien n'abrège le temps comme les récits de ce qui nous intéresse ; et qui est-ce qui pouvait intéresser davantage la jeune princesse, que des détails sur l'auguste famille où elle allait entrer ? Aussi, quoique la renommée les lui eut déjà fait connaître, elle se plaisait à se les faire répéter encore par M. de Lastic, qui embellissait sans flatterie ses tableaux. — Le roi, disait-il, est toujours un des plus beaux hommes de son royaume : vous avez vu, madame, de ses portraits ; il n'en est guère qui ne soient ressemblans; mais aucun ne peut donner l'idée de ce regard que lui seul, je crois, a reçu de la nature. Il est à-la-fois fier, doux et pénétrant ; il est impossible de le soutenir, il attère les hommes : pour les femmes, la vertu la plus sévère peut seule leur donner la force de résister aux charmes qu'il inspire. Rien d'aussi gracieux que son sourire, d'autant plus qu'il contraste avec la majesté de sa figure, et en tempère la mâle austérité. Le son de sa voix retentit au cœur des Français. Sa démarche est ferme, il porte la tête haute ; et, quoique sa taille ne soit pas élevée, il est impossible qu'à l'ensemble de sa personne, on ne le distingue dans la foule des courtisans, même lorsque ses vêtemens sont pareils aux leurs. Cependant, ses manières sont simples et aisées, sa conversation est agréable ; il a beaucoup de mémoire, il remet aussitôt le nom sur la physionomie de ceux qu'il a vus une seule fois. Un de mes amis m'a dit qu'au dernier voyage de Compiègne, on voulut lui faire voir les exercices d'un prétendu écuyer anglais, qui faisait des tours de force sur des chevaux. Le roi, ayant jeté un coup-d'œil sur lui, dit à son premier gentilhomme de la chambre : — M. le duc, on vous trompe si l'on vous dit que cet homme est étranger ; je l'ai vu à Châlons en 1744, lorsque je revenais de Metz ; il est français et danseur de corde. — L'habitude qu'il a contractée dès l'enfance de parler à toutes les personnes qui l'approchent, de leurs différentes professions, fait qu'il y a peu de choses qu'il ignore, parce qu'il en est peu qu'il ait oubliées. Cette multiplicité d'objets qui se présentent à lui avec tant de facilité, n'a point nui à la rectitude de son jugement : personne dans son conseil n'en a un plus droit et plus éclairé. Son commerce est facile et sûr ; il n'y a pas de maître plus aisé à servir : je pourrais en citer mille traits à madame, qui peignent sa bonté. Surpris un jour à la chasse par un orage, il revint plutôt qu'à l'ordinaire ; le roi était trempé jusqu'à la chemise, et il ne trouva aucun officier de sa garde-robe pour lui donner d'autres habits et du linge. Les personnes de sa suite se plaignaient hautement de cette négligence. Sa majesté au contraire l'excusait , en disant que c'était sa faute de ne les avoir pas prévenus. Faisons, en attendant, une partie de billard, dit-il à un des seigneurs qui étaient là ; l'exercice m'empêchera de me refroidir. Les officiers de service, qu'on alla avertir, arrivèrent une demi-heure après. Il leur parla avec la même bonté , plaisanta seulement sur le mauvais tour que cet orage, qu'ils n'avaient pu prévoir, leur avait joué : et comme le roi sut que le premier valet de garde-robe s'était absenté, comptant qu'un de ses camarades le remplacerait, pour aller à la noce d'une de ses parentes, il lui demanda, en riant, si la mariée était jolie.

Louis XV, ajouta M. de Lastic , est peut-être le seul roi qui ait joui des charmes de l'amitié pour lui-même; il sait écarter , pour goûter ce sentiment sublime, tout ce qui ferait sentir l'immense distance de lui au sujet. C'est à lui que M. Bourette , si connu par ses ingénieuses galanteries, disait un jour : — Ah ! que je voudrais, sire, que vous ne fussiez pas roi ! — Et pourquoi ? répondit-il. — Parce que je pourrais être votre ami.—Et qu'importe ma royauté? reprit Louis XV; je ne veux pas moins que nous nous aimions; et depuis ce jour, cet aimable financier a joui de l'attachement du roi, et lui a prouvé le sien dans toutes les occasions. Souvent le monarque va familièrement chez lui à Croix-Fontaine, où Bourette a fait bâtir un pavillon charmant, qui sert de repos de chasse. La première fois que le roi y alla, il demanda à voir la bibliothèque, dont on lui avait vanté le choix. Sa majesté fut surprise de trouver les rayons vides et un seul livre parfaitement bien relié. Le roi l'ouvrit, et y lut en lettres d'or : *c'est aujourd'hui le plus beau jour de ma vie, j'ai reçu chez moi mon roi, qui daigne être mon ami.*

Jamais homme ne fut plus adroit que Louis XV; et tirer au vol le coup le plus difficile, se dit en proverbe : *le coup du roi.* Il est, avec mesdames, de la manière la plus familière et la plus caressante : c'est un particulier au sein de sa famille. Incapable de ces méfiances si communes à ceux qui règnent, il avait admis M. le Dauphin au conseil, et sa confiance en ce prince ne fut point trahie. Sa mort a jeté la consternation dans la famille royale. La reine, qui l'aimait beaucoup, en a été vivement affectée. Cette princesse est d'une haute piété, ce qui l'a empêchée de se livrer aux plaisirs de la cour, et a séparé la sienne de celle du roi. Madame la Dauphine est mourante : madame Adélaïde est toujours une princesse charmante : ses sœurs, qui rendent hommage à sa supériorité, ne font que ce qui lui plaît. L'habitude, leur opinion, les rendent très-exactes observatrices des cérémonies religieuses ; elles ne manquent pas un seul office, non-seulement dans la chapelle, mais même dans les églises de Versailles. Il reste cependant beaucoup de temps à madame Adélaïde pour s'occuper de littérature : les arts ne lui sont point étrangers ; elle peint agréablement et est très-bonne musicienne. Mesdames Victoire, Sophie et Louise, peignent aussi très-bien ; elles vivent dans la plus douce intimité, que jamais la moindre rivalité, ni aucune intrigue politique, n'a altérée ; et c'est, je crois, le plus grand éloge que l'on puisse faire de quatre femmes qui pas-

sent leur vie ensemble, privées des douceurs de l'hymen.

Madame de Lamballe lui parla des
princes du sang, et lui demanda s'ils
venaient souvent à Versailles. — Fort
peu, madame ; mais vous les verrez à
Paris, où ils tiennent chacun une cour
particulière. M. le duc d'Orléans, pour
qui Louis XV a beaucoup d'affection,
conserve, avec les apanages, les distinctions de frère du roi, à l'exception des
gardes. C'est le meilleur des hommes :
on ne peut lui reprocher que de vivre
d'une manière trop retirée ; le goût qu'il
a pour la tranquillité l'éloigne des tracasseries de la cour : il a été malheureux
dans son mariage ; et, depuis la mort
de madame la duchesse d'Orléans, on
dit, et il paraît constant, qu'il en a contracté un secret, avec une femme à qui
il ne manque rien, pour en être digne,
que d'être née dans le rang où l'amour
du duc d'Orléans l'élèverait, si le roi y
consentait. On assure qu'il est consolé,
par son attachement, des mécontente-
mens que son fils lui cause. Mademoiselle est charmante ; elle a la figure et
les grâces de sa mère, avec la bonté et

l'affabilité de son père : on croit qu'elle épousera le duc de Bourbon, fils du prince de Condé ; la seule différence des âges, le prince ayant sept ans de moins qu'elle, arrête la conclusion. Cette branche de Bourbons, comme vous le savez, madame, qui descend des rois de Navarre et du Grand Condé, est fort aimée de l'armée. M. le prince de Condé est le seul des princes du sang qui se soit appliqué constamment à l'art militaire : tous les autres sont braves, comme tous les Bourbons ; mais celui-là joint, aux vertus d'un vrai chevalier, les talens d'un général. Une singularité de son caractère, c'est qu'il est d'une timidité extrême dans le cours ordinaire de la vie, ce qui tient, chez lui, à un excès de modestie. Il vit aussi très-retiré, et est presque toujours dans sa belle maison de Chantilly, dont il embellit chaque jour les jardins. Il y donne quelquefois des fêtes à la famille royale, que la beauté du lieu, joint au goût de ceux qu'il emploie, rendent magnifiques. Il aime les femmes, s'en laisse subjuguer, et, comme il est constant sans se piquer de fidélité, il existe des rivalités entre les objets de ses affections, qu'il choisit toujours parmi les femmes d'un rang distingué ; ce qui cause des divisions dans l'intérieur de sa maison, mais n'altère pas sa vive tendresse pour son fils et sa fille, qui n'y prennent aucune part. Ils sont, l'un et l'autre, de la plus charmante figure ; peut-être serait-il à désirer que mademoiselle de Condé et Mademoiselle fussent destinées à nos jeunes princes ; mais la politique en décidera sûrement autrement. Je doute, cependant, que la sœur du duc de Bourbon puisse consentir à prendre un époux dans une terre étrangère : son attachement pour son père, quoiqu'elle soit à peine sortie de l'enfance, la décidera, j'en suis sûr, plutôt au célibat qu'à s'en séparer. — Hélas ! dit madame de Lamballe en soupirant, sommes-nous maîtresses de disposer de nos volontés ? — Beaucoup plus en France que dans les cours étrangères ; d'ailleurs, il est bien plus facile à une jeune et belle princesse de se plaire parmi nous, qu'à une française de se faire à l'étiquette des autres cours ; et nous avons vu presque toujours les princesses du sang royal revenir en France, tandis que celles des rois voisins vieillissent et meurent dans ce pays, qui devient presque tout de suite le leur. Il serait, peut-être, difficile d'assigner la raison de cette différence ; mais elle existe, et doit avoir plusieurs causes, dont la première est sûrement la douceur du climat ; car, malgré les honneurs qui environnent les princes, ils sont hommes, et les lois de la nature agissent, sur eux, de la même manière que sur le reste de l'espèce humaine. Tout étranger se plaît en France, et s'y ferait volontiers une patrie : tout Français veut revoir la sienne. — C'est d'une augure favorable pour ma destinée, dit la princesse. — Tout doit, madame, vous en promettre une charmante. Le prince votre époux est doué des plus heureuses qualités : vous avez son portrait ; il n'est point flatté. La fortune immense de monseigneur, et qui sera accrue à la mort du comte d'Eu, vous promet tout l'éclat de la magnificence : rien de beau comme ses possessions. Rambouillet est digne d'un roi ; Créci est une maison de chasse d'autant plus agréable, qu'elle est près de Paris. Un jour vous aurez Sceaux, dont les ombrages sombres sont vraiment romantiques : quoique ses eaux aient moins de grandeur que celles de Saint-Cloud, elles sont encore fort belles. L'hôtel de Toulouse renferme de grandes richesses. La galerie de tableaux est moins nombreuse que celle du Palais-Royal, mais le choix en est précieux. Que seraient ces jouissances du luxe sans le bonheur ?. et est-il possible de s'en promettre un plus parfait que celui qui vous attend ? Je ne parle pas des charmes que l'amour vous prépare dans les nœuds de l'hymen ; mais combien n'en trouverez-vous pas dans la société du prince votre beau-père ? Quelle vertu fut jamais plus aimable que la sienne ! Sévère pour lui seul, la bonté caractérise toutes ses actions. Son humeur égale rend heureux tout ce qui l'approche : et pensez-vous combien vous lui serez chère ?—— Je mettrai tous mes soins, reprit-elle, à mériter sa tendresse. —— Ah ! madame, elle vous est acquise, vous n'en pouvez douter ; une âme aussi aimante que celle de monseigneur, met son bonheur à chérir tout ce qu'il doit aimer, et, s'il m'est permis de le dire, l'obligation de vous

-marquer sa tendresse lui sera bien facile.

Ce serait oublier une des faveurs les plus précieuses que le ciel vous destine, que de ne pas vous parler de mademoiselle de Penthièvre : c'est un ange sur la terre: Ah ! si elle ne devait pas être aussi heureuse qu'elle le mérite, on serait tenté d'accuser la Providence ; mais elle le sera. Quel est l'homme qui pourrait ne pas rendre justice à une femme aussi parfaite ? On parle quelquefois, pour elle, d'une bien brillante alliance. Ceux qui ont le bonheur d'être attachés à sa maison, doivent-ils la désirer pour elle ?.... Mais nous devons nous en rapporter à la sagesse de monseigneur ; et ce n'est pas à nous à pénétrer dans ses secrets. — Vous ne m'avez rien dit, interrompit madame de Lamballe, des princes de Conti.

Il me serait difficile, madame, de les juger ; les dissensions qui existent entre le père et le fils leur donnent à chacun des partisans et des ennemis. Il semble qu'ils se plaisent à être toujours d'avis opposés ; et dans les factions, mal inséparable de tous les gouvernemens, on voit le fils dans un parti, par la seule raison que son père est dans l'autre. On ne peut, cependant, leur refuser, à tous deux, de grandes qualités. M. le prince de Conti a tout le génie et l'esprit de sa mère ; son âme fière dédaigne de descendre au détail des affaires particulières, ce qui fait que les siennes sont dans le plus grand désordre. Il aime les gens de lettres, et vit familièrement avec eux. Le comte de la Marche, avec un revenu borné, sait, au contraire, par une sage économie, faire face à tout ; il voit tout par lui-même : on ne saurait trop louer l'ordre qui règne dans sa maison, si on ne pouvait l'accuser de s'y être astreint, moins par goût, que pour faire une critique continuelle des déprédations de celle de son père. Une des causes de la mésintelligence qui règne entre le père et le fils, c'est le mariage que M. le prince de Conti a contraint M. le comte de la Marche de faire avec la princesse d'Est, avec qui il n'a jamais voulu avoir la moindre intimité. Cependant, cette malheureuse princesse méritait un meilleur sort, et la bonté de son cœur pouvait faire oublier le peu d'agrément de sa figure ; mais M. de la Marche avait dit qu'elle ne serait jamais comtesse de la Marche que de nom ; et il a tenu parole, malgré les instances de madame la princesse de Conti, douairière, que sûrement, madame, vous verrez avec intérêt ; car, malgré son grand âge, la vivacité de son esprit, ses longs souvenirs, la rendent encore très-aimable.

Quant au comte d'Eu, vous me dispenserez d'en parler. Lui et le prince de Dombes ne rappelèrent jamais la galanterie de la cour de l'aimable duchesse du Maine ; aussi leur disait-elle : Mes fils, que vous êtes vieux ! Si les ombres des Lafare, des Chaulieu, des Saint-Aulaire, viennent errer dans le parc de Sceaux, elles doivent y trouver une extrême différence : au lieu de fêtes ingénieuses que la divinité de ces lieux y donnait, elles voient le seul de ses fils qui existe n'avoir pour toute occupation que de faire prendre tout le poisson qui est dans une pièce d'eau, pour le faire porter dans une autre...

Le comte de Clermont ne tient à l'état ecclésiastique que par le revenu de l'abbaye de Saint-Germain-des-Prés, dont son fermier lui paie 3000 liv. tous les dimanches ; il ne porte pas même l'habit d'abbé, le pape l'en a dispensé, et lui a permis de courir la carrière militaire. Il a commandé nos armées. Il est encore moins courtisan que les autres princes, et ne paraît à Versailles que dans les très-grands évènemens.

Mais tous se rendent au parlement lorsque les pairs s'assemblent; et il paraît que c'est une des prérogatives à laquelle ils tiennent le plus ; ce qui rend celui de Paris, surtout, extrêmement vain et difficile à manier. Cependant, le roi le force d'obéir par l'exil, dont l'ennui le ramène presque toujours à ce que le roi demande.

Ces entretiens, que j'ai rapportés de suite, mais qui tinrent toute la route, cessèrent à Montereau, où la princesse arriva le 30. Au moment où elle se mettait à table pour souper, on vit entrer un page d'une physionomie très-agréable, qui apportait à madame de Lamballe un bouquet de la part de son mari. La princesse, lui trouvant infiniment de ressemblance avec le portrait du prince qu'on lui avait envoyé, fut fort embarrassée ; pensant qu'il désirait garder l'incognito (car c'était en effet le prince de Lamballe), elle ne parut pas le reconnaître; mais elle vit avec plaisir que l'artiste ne l'avait pas flatté, et cette marque d'empressement lui causa une douce émotion, dont son époux put s'apercevoir, lorsqu'elle répondit au compliment plein d'esprit que le faux page lui faisait de la part du prince. Il se tint debout, devant elle, pendant tout le soupé, et ne pouvait se lasser de la regarder. Madame de Lamballe, les yeux timidement baissés sur son assiette, les relevait de temps en temps à la dérobée; et le feu qui partait de ceux de son mari ne lui permettait pas de le fixer, mais enflammait son jeune cœur, qui s'ouvrait à l'amour, avec d'autant moins de défiance, qu'elle savait bien que le lendemain elle pourrait, sans crainte, se livrer aux doux sentimens que l'aimable page lui faisait éprouver. Le soupé fini, le prince remonta à cheval pour se rendre à Nangis, maison de M. le comte de Guerchy, où la princesse devait arriver le lendemain.

Madame de Lamballe passa la nuit fort agitée; mais ce n'était plus la crainte qui causait son émotion. Tout ce que lui avait dit M. de Lastic, du bonheur qui l'attendait, joint à la douce impression que la présence du prince avait fait naître, lui donnait les idées les plus agréables. A son réveil, elle se mit à sa toilette, et elle ne se laissa plus parer, comme elle avait fait jusqu'alors, avec cet instinct vague qui, quoique sans objet, n'invite pas moins les femmes à relever leurs charmes par le secours de l'art : elle chercha, avec soin, ce qui pouvait la rendre plus jolie, et surtout faire valoir ces cheveux si beaux, qui firent si long-temps l'admiration de tout ce qui la voyait, et qui depuis.... grand dieu ! faut-il que le souvenir des instans de bonheur dont elle a joui si peu, soient empoisonnés par celui des horribles infortunes de cette charmante princesse !

Tandis qu'elle était encore à s'habiller, on vint dire qu'une jeune personne demandait à avoir l'honneur de lui être présentée. Madame de Guébriant sortit de la chambre, pour savoir qui ce pouvait être, et rentra, un instant après, conduisant par la main la plus gentille personne qu'on puisse imaginer. Ses

joues étaient couvertes d'un vif incar-
nat ; ses longues paupières étaient bais-
sées, et laissaient échapper quelques
larmes qui rencontraient, en tombant
sur ses joues, ce sourire enchanteur de
l'innocence. Elle se jeta aux pieds de
la princesse, qui voulait absolument la
forcer de se relever ; mais elle ne le voulut jamais qu'elle n'eût expliqué à madame de Lamballe le sujet de sa démarche. — Vous me trouverez, madame,
bien téméraire, de venir implorer vos
bontés sans aucuns droits pour les mériter ; mais j'ai vu hier votre altesse pendant son souper ; je lui ai trouvé l'air si
sensible, que je me suis dit : elle seule
peut terminer mes malheurs ; et j'ai pris
la résolution de venir, avec confiance,
vous les raconter, car il ne dépend que
de vous de les finir. — Si cela est, reprit madame de Lamballe avec la bonté
qui la caractérisait, il est bien sûr qu'ils
le seront ; mais j'exige que vous vous
leviez. La pauvre petite obéit, croisant
les mains, et toujours baissant les yeux.
Elle commença son récit. — Je suis fille
d'un marchand de cette ville, qui avait
un frère, dont les affaires avaient mal

tourné, par des malheurs qui n'étaient pas de sa faute : il avait beaucoup d'enfans..... Sa femme et lui moururent de chagrin. Mon père prit le fils aîné, qui a cinq ans plus que moi, qui en aurai quinze à la Saint-Jean. Je l'ai toujours aimé, et je me disais, tout enfant, je l'épouserai, et il aura la moitié de ce que je possède. Mais mon père ne veut pas ; il veut me marier à un autre, parce qu'il a 4000 fr. comptant, qu'il mettra dans son commerce ; et mon pauvre cousin en a tant de chagrin, qu'il veut s'engager. — J'entends : 4000 fr. qu'aurait ce cousin lui feraient avoir la préférence. — Oui, madame. — Et vous seriez heureuse ! — Oh ! madame, heureuse autant que je suis infortunée ; car si je n'épouse point mon cousin, si j'en épouse un autre, ce serait, madame, comme si on vous disait que vous n'épouserez pas ce beau page qui vint vous apporter hier un bouquet. Madame de Lamballe sourit, et pria madame de Guébriant de faire prendre des informations, qui se trouvèrent entièrement conformes au récit de la jeune fille. La princesse donna ordre que l'on comptât

4000 f. à l'amant de la petite, et remit elle-même une bourse de 50 louis à cette jeune fille, qui, ayant couru instruire sa famille des bienfaits de la princesse, revint avec elle se jeter aux pieds de madame de Lamballe, au moment où elle allait monter en voiture. Ils l'accompagnèrent à quelque distance de la ville, en adressant au ciel mille vœux pour sa prospérité.

Le 31, M. le duc de Penthièvre, le prince de Lamballe, le comte et la comtesse de la Marche, se rendirent à quelque distance de Nangis : on descendit des voitures au moment où elles se croisaient, et l'on se fit les complimens d'usage. Madame de Lamballe remonta en carrosse avec M. de Penthièvre son fils, et ceux qui l'accompagnaient. Il était midi lorsqu'on arriva à Nangis. Tout était préparé pour les recevoir à la chapelle du château, où M. le cardinal de Luynes donna la bénédiction nuptiale aux augustes époux. On fit une distribution d'aumônes aux pauvres de Nangis et des environs, proportionnée à la magnificence et à la bienfaisance du duc. Il y eut un repas somptueux, qui fut la seule fête du mariage, la piété de M. le duc de Penthièvre ne croyant pas devoir allier à une cérémonie sainte des divertissemens profanes. Avec quelle ardeur il avait demandé à l'Etre des Etres qu'il répandît ses faveurs sur ce couple qui lui était si cher! Hélas! ils ne furent pas exaucés; et Dieu, qui, je le répète, éprouve ceux qu'il aime, réservait à ce père infortuné des chagrins déchirans dans son fils, et dans celle qu'il venait d'adopter avec tant de tendresse pour sa fille. Les poëtes s'empressèrent à célébrer les charmes de la princesse. Je ne rapporterai que l'épithalame qui fut récité à la fin du festin.

C'est la Nymphe de la Seine qui parle.

Ornez de fleurs votre tête immortelle ;
Prenez, Hymen, votre divin flambeau ;
Sur mon rivage un triomphe nouveau
Avec l'amour aujourd'hui nous appelle.
Deux jeunes cœurs, formés du sang des rois,
Epris, tous deux, de l'ardeur la plus belle,
Tous deux, charmés de vivre sous vos lois,
Veulent s'unir d'une chaîne éternelle.
Que tardez-vous? Accourez sur mes bords ;

Venez-y voir embellir votre empire
De deux époux en qui le monde admire
Des dons du ciel les plus rares trésors.
Ainsi parlait la Nymphe de la Seine
Au Dieu d'hymen qui lui tint ce discours :
Reine des eaux qui baignent, dans leur cours,
Des fleurs de lys la cité souveraine,
Aucun séjour, dans les divers climats,
Où des humains je reçois les hommages,
Ne me fut cher, vous ne l'ignorez pas,
Comme autrefois me l'étaient vos rivages.
Je ne voyais nulle part les mortels
Plus empressés autour de mes autels :
Tous invoquaient, à l'envi, ma puissance,
Et de mes lois, aimant la dépendance,
A m'honorer montraient un zèle égal.
L'amour lui-même, en tout temps mon rival,
A mon pouvoir ne faisait point ombrage :
Unis tous deux nous régnions sans partage,
Il ne voulait être heureux que par moi ;
Je ne voulais régner que par sa loi.
Mais aujourd'hui qu'un honteux adversaire,
Mon ennemi, l'ennemi de l'amour,
Sur votre rive a fixé son séjour,
Et de mes lois détruisant la barrière,
Au crime laisse une libre carrière ;
Que de l'Hymen l'innocence et la paix
Plaisent bien moins que de honteux forfaits ;
Qu'ouvertement, sans pudeur, on m'outrage ;
Que l'on.... L'Hymen n'en dit pas davantage :
Il ne fait plus parler que ses sanglots.
La Nymphe, émue au récit de ses maux :
Pourquoi nourrir vos ennuis, lui dit-elle,
Et vainement en augmenter le poids ?

Si de mortels une troupe rebelle
Hait votre joug et méprise vos lois,
A leur devoir tout le reste fidèle
Connaît, chérit et respecte vos droits.
D'un doux encens votre autel fume encore,
Dès ce jour même un prince vous implore.
Et de Penthièvre un fils.... O nom chéri!
S'écrie l'Hymen, hors de lui-même;
O doux espoir de ma douleur extrême!
Cherchez-vous, Nymphe, à flatter mon ennui?
Serait-il vrai qu'un fils.... Oui, dit-elle, oui,
Un fils, en tout l'image de son père,
Vif, tendre, humain, généreux, populaire,
Qui, de vos lois trouvant l'empire doux,
Ne veut de même être heureux que par vous.
L'Hymen, ravi de ce qu'il vient d'entendre,
Ne songe plus au sujet de ses pleurs.
Aux champs français il brûle de se rendre,
Prend son flambeau, se couronne de fleurs,
Appelle à lui les Jeux, les Ris, les Grâces,
Qui, pleines d'ardeur, s'élancent sur ses traces.
Toute la troupe éclate en vifs transports ;
On part, on vole, ils touchent à nos bords.
Jamais l'Amour, excité par sa mère,
Et plus encor par sa malignité,
Ne prit son vol d'une aile plus légère,
Quand pour soumettre une jeune beauté,
Que ses attraits rendent souvent trop fière,
Il abandonne ou Cythère ou Paphos,
Et de deux cœurs va bannir le repos.
Ainsi des Dieux le messager fidèle,
Du haut sommet de l'Olympe éclatant,
S'élance, vole, atteint, en un instant,
Les bords heureux où Jupiter l'appelle.

On ne partit que le 1er. février de chez M. de Guerchi pour se rendre à Paris, où la princesse fut reçue par tous les officiers de sa maison, et de celle de son beau-père, avec les témoignages de la plus vive satisfaction ; et, dès le soir, elle écrivit à la princesse de Carignan la lettre que je joins ici.

LETTRE de Madame la Princesse de Lamballe à Madame la Princesse de Carignan.

A Paris , le 1er. février 1767.

MADAME,

« Vous avez eu la bonté de me demander d'être seule dépositaire de mes plus secrètes pensées ; il m'est doux de trouver dans la mère la plus tendre, l'amie la plus sûre. Puissé-je n'avoir jamais à vous faire partager que mon bonheur ! il serait extrême dans ce moment, si je n'étais pas éloignée de vous et de mon père. M. de Lamballe est infiniment aimable ; je puis vous assurer qu'il est beaucoup mieux que son portrait ; il est, à ce qu'il me paraît, d'un caractère affectueux et facile ; il me témoigne beaucoup de tendresse. Il est bien doux de trouver dans ses devoirs les plus précieuses jouissances ! il faut en convenir, les Français sont bien aimables. O ma mère ! votre fille sera heureuse. Mon beau-père me comble de caresses ; je n'ai pas encore vu ma belle-sœur : nous n'irons au couvent qu'au retour de Versailles. J'ai bien du désir de faire connaissance avec elle. Tout le monde s'accorde à dire qu'elle est charmante. Je vous écrirai plus en détail dans quelques jours ; mais nous sommes tout en l'air présentement, à cause des présentations. Permettez-moi d'assurer mon père de mon profond respect ; et croyez à celui , etc. »

Cette lettre combla de joie madame de Carignan.

Madame la princesse de Lamballe reçut toutes les femmes des officiers attachés à sa maison. Me sera-t-il permis de nommer parmi celles qui lui furent présentées, la comtesse de Méré, femme charmante, qui réunissait aux grâces et à la beauté une âme céleste. Elle était mariée depuis peu au comte de Méré, qui était parent du chevalier de Brossin de Méré, connu par quelques ouvrages de littérature, et son attachement pour mademoiselle d'Aubigné, à qui il disait : *Vous aurez de l'esprit, si vous voulez en avoir.* Celui dont je parle

avait servi dans les guerres de 1755,
et s'était retiré capitaine de dragons et
chevalier de Saint-Louis. M. le duc de
Penthièvre se l'était attaché en qualité
de secrétaire des commandemens, ayant
le département de la Bretagne et de la
Venerie ; mais il le traitait, à cause de
sa naissance, comme un premier officier de sa maison : il était des voyages,
et mangeait à la table de Son Altesse.
Madame de Méré fut donc présentée
sur ce pied à madame de Lamballe,
qui certainement, si cette aimable
femme avait vécu, lui aurait témoigné
les mêmes égards que M. le duc de Penthièvre marquait à son mari : mais le
ciel l'enleva à tout ce qui l'adorait. Sa
mort fut pour moi le plus grand des
malheurs, et a influé d'une manière si
cruelle sur ma destinée, que j'ai cru
qu'il pouvait m'être permis de jeter
quelques fleurs sur la tombe d'une
femme que j'aimais comme ma mère,
et dont le souvenir, depuis plus de
trente ans, m'est aussi présent qu'au
moment que je l'ai perdue.

J'étais chez elle à l'instant où elle
venait de faire ses révérences à madame

de Lamballe ; elle me dit qu'il était impossible d'avoir un abord plus aimable que la princesse , qui , peu de jours après , se rendit à Versailles , où elle fut présentée , le 5 février suivant , par madame la comtesse de la Marche, au roi , à la reine , à madame la Dauphine , et aux filles du roi. Elle parut avec éclat dans une cour qui commençait à vieillir ; et son mariage, qui faisait espérer de voir bientôt aux petits-fils du monarque des compagnes jeunes et aimables , fit plaisir aux Français pour qui la cour alors était un spectacle où ils aimaient à voir des personnages brillans. Cette remarque, que je fais sans réflexion , est peut-être plus importante qu'on ne se l'imagine ; et si celui à qui le ciel avait donné tant de vertus, avait eu plus de grâces, peut-être que les malheurs qui l'ont accablé n'auraient pas approché de lui. Louis XV vit madame de Lamballe avec le plus grand intérêt, et lui conserva jusqu'à la mort beaucoup d'attachement. Nous en rapporterons plus loin des preuves, qui auraient pu la porter au plus haut degré des honneurs auxquels une prin-

cesse puisse prétendre ; mais les intrigues s'y opposèrent.

Madame de Lamballe, dont l'âme
était aussi belle que sensible, ne pouvait, sans le plus tendre intérêt, envisager la situation de madame la Dauphine, qui mourait autant de sa douleur que de la cause inconnue de sa maladie. La jeune princesse allait souvent
chez cette infortunée, et adoucissait,
par les agrémens de sa conversation,
ses souffrances habituelles. Elle y voyait
aussi la reine, qui marquait à la veuve de
son fils le plus tendre attachement ; et
madame de Lamballe ne se lassait
point d'admirer le pouvoir de la religion, qui avait fait vivre dans la plus
grande intimité deux princesses que le
sort des armes auraient dû rendre enne-
mies irréconciliables : mais bientôt elles
allaient être réunies dans le séjour de
la paix, où elles ne verraient que d'un
œil de pitié ces intérêts qui ne paraissent
si grands aux hommes qu'en propor-
tion de leur petitesse. Madame la Dauphine s'affaiblissait tous les jours : le
roi, qui lui avait donné des marques
éclatantes de considérations depuis la

mort de son mari, ne lui marqua pas moins d'attachement pendant sa maladie. Elle voulut que ses enfans assistassent à la cérémonie des derniers sacremens, qu'elle reçut avec la plus grande dévotion ; elle les bénit et mourut le 13 mars 1767. Elle avait demandé à être inhumée à Sens, dans le tombeau de son époux. Un célèbre artiste fut chargé de leur élever un mausolée dont les emblêmes peignaient leur amour et leurs vertus. Comment ce monument, qui honorait l'humanité, n'a-t-il pas été respecté par ceux qui prétendaient n'en vouloir qu'à l'orgueil (1) ?

Le deuil que cette mort renouvela rendit la cour encore plus triste. M. de Lamballe y parut peu ; nous avons dit que la renommée, qui se plaît, presque toujours, à révéler les faiblesses des grands, avait appris à madame de Carignan que M. le prince de Lamballe, loin de suivre les avis de son père, vivait dans une société qui devait tout faire redouter pour ses mœurs. Les alarmes qu'en avait

----

(1) Il a été relevé depuis que tout ce qui est bien a reparu avec l'empire des lys.

conçues la mère de madame de Lamballe n'étaient que trop fondées. En vain on eût voulu compter sur la douceur des inclinations du jeune prince, sur la bonté de son caractère; en vain on eût comparé son éducation à celle de ses dangereux amis. Sa facilité, l'empire de l'habitude qu'on ne peut vaincre que par une forte volonté, dont peu d'hommes sont capables ; plus que cela, cette fausse honte qui rend les jeunes gens si sensibles au sarcasme des compagnons de leur désordre ; tout retenait M. de Lamballe dans le piége, et il allait bientôt donner une triste preuve de l'inutilité des bons exemples et des sages préceptes, si on a le malheur de se trouver lié, en entrant dans le monde, avec des êtres pervers. M. de Lamballe avait toujours vu la vertu honorée dans la maison de M. le duc de Penthièvre, qui avait mis un soin extrême dans le choix de ceux qui entouraient son fils. Les pages mêmes de cette maison étaient tenus avec une austérité qui ne leur aurait pas permis de ces espiégleries connues depuis si long-temps sous le nom de *Tours de Pages*. Son

gouverneur, monsieur de...... et l'abbé
de...... son précepteur, étaient des
hommes de la piété la plus reconnue.
Quoiqu'il n'eût que sept ans lorsque
madame la duchesse de Penthièvre
mourut, il n'avait pu oublier les leçons
qu'elle se plaisait déjà à lui donner; et
le souvenir de ses vertus était encore
présent à l'esprit de tout ce qui avait
eu le bonheur de la connaître : sa fille,
vertueuse autant qu'infortunée, en retrace le fidèle tableau. Les dames de la
duchesse, que M. le duc de Penthièvre
avait gardées chez lui par respect pour
la mémoire de sa femme, étaient infiniment estimables.

Le duc voulait que son fils, à qui il
espérait un jour voir passer la charge de
grand-amiral, eût toujours à sa table
de vieux capitaines de vaisseau, afin
qu'ils l'instruisissent dans l'art de la marine, et surtout qu'ils lui donnassent
des exemples de cette loyauté, de cette
franchise poussée presque jusqu'à la
rudesse, dans ce corps si respectable et
si calomnié de nos jours. Rien n'offrait
au jeune prince que le tableau de la
piété et de l'amour de ses devoirs : peut-

être aurait-on pu reprocher à cette éducation d'être un peu sévère, si la tendresse et l'affabilité de son père n'avaient adouci ce qu'elle avait d'austère. Cependant, tout fut inutile. Des hommes corrompus parvinrent à s'emparer de l'esprit de M. de Lamballe, et dès-lors ils n'eurent pas de peine à profiter du premier moment où les passions se firent sentir, pour l'entraîner dans les plus grands désordres ; mais ce n'était que clandestinement, et en prenant toutes les précautions possibles pour que le duc de Penthièvre n'en fût pas informé. Inquiet de ce que son fils sortait seul, il ordonna à un de ses valets de pied de le suivre. M. de Lamballe s'en aperçut dès le premier jour, et se retournant brusquement, il le saisit au collet, et lui adressa ces paroles : — Combien mon père te donne-t-il pour me suivre ? — 5o louis, monseigneur, reprit l'autre en tremblant. — Eh bien ! moi, mon ami, je te promets, et je te tiendrai ma parole, de te faire donner 5o coups de canne si tu continues à épier mes actions : tiens-le toi pour dit. Cette âme basse, qui ne voulait pas plus perdre les 5o louis du père que recevoir les 5o coups de bâton de la part du fils, ne rapporta à **M.** le duc de Penthièvre que des choses faites pour lui fermer les yeux sur les désordres de son fils, qui dès-lors allèrent en croissant.

Beaucoup de gens ont prétendu que celui qu'on a le plus accusé de retenir **M.** de Lamballe dans l'enivrement des plaisirs , avait fait le plus odieux des calculs , en cherchant, par cet infâme moyen, à éteindre en lui le principe de la vie, pour le priver ainsi de la douceur de se voir renaître : mais trop de crimes ont noirci la fin du dernier siècle , sans qu'on se plaise à y ajouter encore ceux qui sont demeurés sans preuve. Contentons-nous donc de gémir sur les suites funestes de l'inconduite d'un prince qui , sans de perfides amis, eût connu tout le prix de la vertu , et eût joui, pendant de longues années, du bonheur qu'il devait goûter dans les bras d'une compagne parée de toutes les grâces de la jeunesse.

Cependant **M.** de Lamballe, au moment de son mariage, ne fut occupé que

de sa charmante moitié. Mais malheureusement la nature, qui se venge toujours lorsqu'on ne respecte pas ses lois,
ne lui avait laissé que ce feu qu'allume des
charmes séduisans; amant passionné de sa
femme, il trouvait avec elle les plus doux
plaisirs; mais déjà affaibli par des excès
qui avaient devancé l'âge, ils ne furent
point suivis du bien inappréciable de la
paternité: aucun symptôme n'annonçait
que la princesse devînt mère. Elle s'en
affligeait, et M. le duc de Penthièvre
priait le ciel de lui accorder ce bonheur;
mais ses vœux ne furent pas exaucés.

Bientôt la langueur succéda aux transports du prince, et les compagnons de
ses coupables plaisirs reprirent, avec
trop de facilité, l'empire que les premiers momens d'un sentiment nouveau
leur avait fait perdre. Plus M. le duc de
Penthièvre et madame de Lamballe trai-
taient ces hommes avec froideur, plus
le désir de se venger rendait actifs les
moyens qu'ils imaginaient pour perver-
tir entièrement M. de Lamballe; ils ye
mettaient de toutes leurs parties. Une
fois marié, son père n'avait que la voix
de la représentation; aussi le prince ne se
gênait-il plus : c'était tous les jours de

nouvelles orgies, où il s'enivrait des liqueurs les plus brûlantes, qui lui enflammaient sa poitrine très-délicate, tandis qu'on assure que ses perfides amis avaient grand soin de conserver leurs têtes. Rousseau a dit un paradoxe en écrivant : *Qu'un homme sobre est un homme faux* ; mais je crois qu'il aurait dû dire qu'un homme faux est presque toujours sobre. Lorsque ceux qui ont perdu le prince de Lamballe, et qui osaient prendre le masque de l'amitié, voyaient sa raison égarée, alors ils le livraient à ces beautés trompeuses qui font payer, par de si douloureux regrets, les faux plaisirs qu'elles offrent à leurs adorateurs.

Le jeune prince s'aperçut trop tard qu'il avait bu la coupe empoisonnée : son respect pour sa compagne lui faisait redouter de la lui faire partager. Il s'éloigna de celle dont l'amour lui avait offert de si douces jouissances. Madame de Lamballe, qui ne pouvait imaginer la cause de cette prétendue indifférence, n'osait s'en plaindre ; enfin, son cœur ayant besoin de s'épancher, elle écrivit à sa mère la lettre que je joins ici.

LETTRE de Madame la Princesse de Lamballe à Madame la Princesse de Carignan.

A Paris , le 15 Mai 1767.

MADAME,

Qu'est devenu le temps où je ne vous parlais que de mon bonheur ? Est-il possible que quelques mois en aient borné le cours ? N'aurai-je plus que des souvenirs et des larmes ?... Pourquoi faut-il que M. de Lamballe ait réuni tous les moyens de plaire ? qu'il ait échauffé mon cœur de tous les feux de l'amour qu'il me témoignait, pour avoir changé tout-à-coup ? En vain je cherche, dans ma conduite, ce qui aurait pu causer ce refroidissement, et je n'y trouve aucune cause. Non, je n'ai point à ajouter à mes peines secrètes la douleur de pouvoir me les attribuer. J'ai tout employé pour qu'il me conservât les sentimens que

j'avais été assez heureuse de lui inspirer.
Serait-ce parce que je ne suis pas encore
grosse ? Mais pourrait-il m'en faire un
crime ? il n'y a pas quatre mois que je
suis mariée ; d'ailleurs, en se séparant
de moi, ce n'est pas un moyen de me
rendre mère. Je crois bien que je dois
ce malheur à celui dont vous m'avez
parlé, madame, dans la dernière conversation que j'ai eu le bonheur d'avoir
avec vous. Ils sont liés plus que jamais.
Dans le commencement de mon mariage, ils se voyaient moins ; mais, depuis quelques semaines, c'est une intimité vraiment alarmante. Ce n'est pas
que ce personnage n'affecte, en ma présence et celle de mon beau-père, une
extrême réserve ; il a même l'air de
blâmer la grande dissipation de M. de
Lamballe ; il vante le bonheur d'être
uni à une femme charmante et vertueuse:
on voit qu'en égarant le fils, il cherche à
capter l'estime du père. Quel est son but?
Je crains tout de lui, depuis que je me
persuade qu'il éloigne de moi l'époux
que je chéris. Je laisse peut-être trop
apercevoir l'antipathie qu'il me cause ;
mais je ne puis me défendre de penser

que , sans lui , je serais heureuse. Je lui reproche l'indifférence que me montre M. de Lamballe, cette indifférence qui me tue. Cependant personne n'en est informé ; il a toujours, à l'extérieur, les mêmes égards , et j'ai cru quelquefois surprendre dans ses yeux le regret de ne pas me prouver sa tendresse..... Qui pourrait donc l'en empêcher ? Une chose qui m'afflige plus sensiblement encore , c'est que je ne puis douter que la vie qu'il mène altère sa santé. Il tousse fréquemment : je crains que sa poitrine ne s'affecte. Mon Dieu ! si jeune !.... Mille pressentimens douloureux m'accablent. O ma mère ! daignez prendre part à mes chagrins, et je les sentirai moins vivement.

Rien n'égale le respect, etc.

~~~~~~~~~~~~~~~~~~~~~~~~~~~~~~~~~~~~~~

Réponse de Madame la Princesse de Carignan à sa fille.

Turin, le 27 Mai 1767.

QUE votre lettre, ma chère enfant, m'a affligée ! moins, je vous l'avoue, pour l'objet qui vous l'a fait écrire (ce qui ne me paraît pas aussi inquiétant que vous le croyez) que pour les autres articles dont elle traite. Cette intimité avec le duc de **** est bien dangereuse. Vous eussiez dû profiter, comme je vous l'avais dit, du temps où vous aviez un empire, qui est le seul que les hommes nous laissent prendre, pour lui dire votre avis. A présent, vu le froid qui règne, ce serait inutile, imprudent. Sa santé est aussi un point bien important ; c'était ce que je craignais. Sa mère est morte de la poitrine. Il faut de grands ménagemens : il est très-possible que son médecin lui en ait conseillés qui causent son changement apparent avec vous. Vous avez bien fait, ma chère
~~~~~~~~~~~~~~~~~~~~~~~~~~~~~~~~~~~~~~

fille, de n'en parler à personne ; les hommes n'aiment point qu'on fasse de semblables confidences : d'ailleurs, je vous dirai la même chose qu'un des plus grands poëtes français met dans la bouche de la confidente d'Agrippine :

Et n'avertissez pas la cour de vous quitter.

Ce moment de froid ne durera pas, si vous n'y opposez que de la tendresse et une conduite irréprochable. Si vous aviez lu les Lettres de Bussi, vous y auriez vu une plaisanterie à sa cousine Sévigné, qui répondrait assez bien à vos alarmes ; mais il ne serait pas de la gravité maternelle de la citer. Prenez courage, ma chère fille, votre mari vous reviendra plus tendre et plus empressé, et ce sera un moyen pour me donner un petit-fils, que je chérirai comme j'aime sa mère, etc.

P.S. Je ne vous dirai rien pour votre père, ni pour vos frères et sœurs, ne leur ayant pas dit que j'avais reçu de vos nouvelles.

Cette lettre ne rassura pas madame.

de Lamballe ; et la tranquillité que sa mère affectait, peut-être pour soutenir son courage, ne lui en donnait pas. Elle voyait avec douleur le prince s'éloigner, non-seulement d'elle, mais de son père, pour qui il n'avait plus ce respect qui jusques-là lui semblait si naturel. Les maximes de ses amis prenaient chaque jour de nouvelles forces dans son esprit. Il traitait de vieux préjugés tout ce qui contrariait ses goûts. M. de Penthièvre en était vivement affligé, et priait Dieu sans cesse pour la conversion de ce fils qui lui était si chér.

L'hiver se passa sans aucun évènement important. Il semblait que ce temps fût celui d'un sommeil général, ou plutôt il ressemblait à ces momens de silence de la nature qui précèdent les orages. Les économistes commençaient à devenir une secte imposante ; ils étaient parvenus jusqu'à l'oreille du roi, par M. Quénai, qui avait été médecin de madame Pompadour, et le roi goûta les vues que cette société lui proposait. Elles eussent peut-être été utiles, si des intrigans n'en eussent changé l'objet. Mirabeau, l'ami des hommes, et qu'on disait, avec vérité, n'être pas celui des femmes, publia un ouvrage assez obscur, qui attira l'attention par les vues neuves qu'il présentait. On s'occupa à le commenter, et il devint une espèce de mode de faire des expériences d'agriculture. Six ans de paix laissaient oisive presque toute la noblesse, et rien n'était certainement plus digne d'occuper son loisir que d'améliorer ses possessions, en forçant la terre à produire davantage. Mais il y eut plus de charlatanisme que de véritables découvertes ; et lorsque l'on voulut soumettre de grandes cultures aux expériences du cabinet, si je puis me servir de cette expression, il y eut beaucoup de mécompte, et le plus grand nombre sentit la vérité de ce proverbe indien : *Ne change point ton soc, que ton voisin n'ait fait deux récoltes avec celui qu'il a inventé.* Mais il n'en est pas moins certain que c'est à cette époque que parurent les premières lueurs de cette philosophie qui, vingt ans après, changea la face de la France. Ce fut aussi dans le même temps qu'on entendit parler de M. Necker pour la première fois. Jusques-là ses spéculations n'avaient été que particulières, et en acquérant une fortune indépendante, il se mettait en état de parvenir aux premiers échelons de la puissance qu'il se proposait d'acquérir, et à laquelle il n'a cessé de tendre, jusqu'au moment où il rentra dans l'oubli, dont il eût été à désirer, pour son bienfaiteur, qu'il ne sortît jamais. Ce fut à l'occasion des malheurs de la compagnie des Indes que cet homme, dont la réputation est encore un problême, employa cette éloquence persuasive dont il a tant fait usage dans des circonstances bien autrement importantes, pour persuader aux actionnaires d'accepter un plan très-précieux en apparence, puisqu'il affranchissait la compagnie des entraves du gouvernement, mais la mettait à la discrétion d'un particulier, et ce particulier était Necker.

Madame la princesse de Lamballe, entièrement étrangère à ces brigues, à ces systèmes, vivait très-retirée; et ne trouvant plus dans son mari cet empressement, ces soins délicats qui font le charme d'une union légitime, elle n'était dédommagée de ses froideurs que par la tendresse de son beau-père, qu'elle aimait chaque jour davantage, parce que chaque jour elle découvrait en lui des qualités aimables. L'amitié de mademoiselle de Penthièvre lui était aussi très-précieuse ; mais elle ne pouvait voir sans chagrin qu'elle était destinée à épouser le duc de Chartres. Elle n'osait lui en parler ouvertement, bien persuadée que l'ambition ferait un jour ce mariage. C'eût été une cruauté de lui faire connaître les craintes que cette alliance lui inspirait pour son bonheur à venir.

Cependant, M. le prince de Lamballe dissimulait en vain les maux qui l'accablaient ; son tempérament, naturellement délicat, ne pouvait y résister. Enfin, ils devinrent si extrêmes, qu'il fallut bien avoir recours aux plus savans médecins pour calmer les souffrances qu'il éprouvait. M. le duc de Penthièvre en ignorait la cause, et ne voyait dans le dépérissement de son fils, que la suite des veilles et des fatigues, compagnes inséparables des plaisirs tumultueux ; d'ailleurs, la santé florissante de madame de Lamballe éloignait tout soupçon. Lorsqu'enfin la Faculté lui apprit la cause de cette cruelle maladie, ce père fut inconsolable; cependant il espéra que ce serait un moyen dont le ciel se servirait pour retirer son fils du désordre. Il le traita non en père irrité de sa mauvaise conduite, mais en ami tendre et compatissant. Il cherchait à faire passer dans son cœur les seules consolations qui soient offertes dans les douleurs, en lui faisant regarder ses souffrances comme des châtimens passagers dont un Dieu, aussi juste que bon, afflige ceux qu'il aime, en cette vie périssable, tandis qu'il laisse le méchant jouir d'une félicité qui l'endurcit dans ses désordres. — Ces temps d'épreuves, lui disait-il, passeront; il ne vous restera que le souvenir de ce que vous aurez souffert, qui vous servira à éviter les piéges qui vous ont été tendus; alors, vous reviendrez à vous-même, vous sentirez qu'il n'est de vraies jouissances que celles que nous donne la vertu. Les faux plaisirs que la vie nous présente, quand ils n'auraient pas les suites terribles qui ont accompagné ceux que d'indignes flatteurs vous ont fait trouver, ne laissent toujours

après eux que le remords d'avoir manqué à son devoir. Car c'est en vain qu'on
s'aveugle en croyant qu'un mari peut,
sans se faire de reproches, manquer à
la fidélité qu'il a promise à sa compagne :
le contrat est le même ; et si l'on se soumet aux clauses de ceux qui n'ont rapport qu'à un vil intérêt, comment
peut-on imaginer qu'on peut se soustraire sans honte à celui d'où dépendent
les bases de la société ? S'il pouvait
exister un pays où les lois de l'hymen
fussent méconnues, bientôt tous les
liens de l'ordre social seraient relâchés,
et ce pays tomberait dans le dernier
degré d'avilissement : les hommes l'ont
bien senti. Mais pour unir tout-à-la-fois
la sûreté générale à la triste facilité de
se livrer à leurs passions déréglées, ils
ont chargé le sexe le plus faible de la
totalité des chaînes qu'ils ne voulaient
pas porter, et l'ont laissé seul gardien
des conventions conjugales, tandis qu'ils
les violent impunément. Je sais que les
torts d'une femme ont infiniment plus
d'inconvéniens, et que la nature semble
avoir d'elle-même établi cette différence;
mais celui qui abandonne une épouse

jeune, aimable, sans expérience, n'est-il donc pas responsable des écarts où son amour-propre outragé peut l'entraîner? et croit-il que Dieu, qui nous demandera compte de nos fautes, et de celles dont nous aurons été cause, ne punira pas le mari infidèle, non-seulement pour tous ses torts personnels, mais encore pour ceux que son inconduite aura fait avoir à celle à qui il devait l'exemple des vertus! Voilà, mon fils, ce que la raison et la religion, qui est toujours d'accord avec elle, nous apprennent; voilà ce que vous sentirez désormais : et rendu au cœur de votre vertueuse épouse, vous trouverez les véritables biens dans des nœuds que le ciel a bénis. — Le prince ne répondait à ces conseils que par des soupirs. Il sentait qu'ils ne lui étaient plus nécessaires, et que la mort serait le terme des souffrances qu'il endurait.

Les médecins crurent que l'air de la campagne conviendrait mieux au malade, et proposèrent de le transporter à Lucienne, maison sur la route de Saint-Germain, qui appartenait alors à M. le duc de Penthièvre. Son père l'y accompagna, et sa femme, bien plus touchée de l'état cruel où il était, qu'offensée de la cause qui l'avait produit, ne le quittait pas. Mais, ni ses tendres soins, ni ceux de son père, ni les prières continuelles du duc n'arrêtèrent les progrès du poison qui circulait dans ses veines. Les médecins avaient inutilement employé tous les secours de l'art. Il s'était formé un dépôt qui menaçait des plus funestes ravages, si on n'employait le fer pour les arrêter. L'opération fut décidée ; elle ne pouvait qu'être infiniment douloureuse. Le malade la soutint avec une patience et un courage extrêmes. On se flatta qu'au moins on pourrait lui conserver la vie ; mais le terme en était marqué, et, peu après, les gens de l'art prononcèrent son arrêt. Il l'entendit sans foiblesse, et ne s'occupa plus qu'à se préparer à paraître devant le Dieu de toute justice ; mais sur la miséricorde duquel il n'osait compter. M. le duc de Penthièvre était accablé de la plus profonde douleur. En vain la religion voulait contraindre les mouvemens de la nature ; plus forte qu'elle dans les crises douloureuses, elle lui arrachait malgré lui des pleurs dont il arrosait le lit où son fils attendait la mort. La princesse, déchirée par les souffrances d'un époux qui était sa première affection, et qui fut la dernière, envisageait, en frémissant, les progrès de la destruction, sans pouvoir se persuader qu'elle fût inévitable. Le malheureux prince ne cessait de lui marquer ses regrets d'avoir si mal récompensé sa tendresse ; il n'avait plus l'espoir de réparer ses torts envers elle ; il ne sollicitait que son pardon, et en trouvait l'expression dans ces yeux si beaux, dont les larmes obscurcissaient les regards et ne les rendaient que plus touchans ; c'est alors qu'il considérait toute la grandeur de ses pertes : plus madame de Lamballe lui témoignait d'attachement, plus il sentait de quel bonheur il aurait pu jouir avec elle ; et, cependant, il fallait se séparer pour jamais ; il fallait mourir à 20 ans, placé, par sa naissance, dans un rang élevé ; devant occuper une des grandes charges de la couronne ; possesseur, déjà, d'une qui le mettait à même d'obtenir les faveurs du roi, qui, aimant la chasse avec passion, ne pouvait manquer de

traiter son grand-veneur avec distinction ; devant réunir une immense fortune ; chéri de son père , de sa sœur ;
époux d'une femme charmante : il fallait tout quitter, et ajouter à des regrets
si cuisans la triste pensée que tous ces
biens lui échapperaient par sa faute.
Grande et terrible leçon pour ceux qui
sacrifient aux voluptés trompeuses une
existence qu'ils doivent à leur patrie et
à leur famille ! Leur fin sera peut-être
aussi douloureuse que celle de ce malheureux prince ; mais qui sait s'ils ob-
tiendront, comme lui , de mourir ré-
conciliés avec Dieu et les hommes !

Avec quelle piété, quel respect il reçut les gages de cette réconciliation
dans la participation des mystères ! Ce
fut le 20 avril que se passa cette auguste
et triste cérémonie, à laquelle M. le
duc de Penthièvre et madame la princesse
de Lamballe assistèrent avec la plus profonde douleur. Cependant, ils eurent
la force de la supporter. Il semblait qu'ils
étaient soutenus par les sentimens de piété
dont ils voyaient le jeune prince pénétré.
Il paraissait regarder l'éternité comme
le port où il échapperait aux orages ter-

ribles des passions dont il était la triste victime ; là finiraient ses douleurs , ses regrets et ses repentirs.

Sa situation était devenue si cruelle , que tout ce qui lui était attaché , même son père , ne pouvait désirer de voir prolonger ses jours , dont chaque moment était marqué par les crises les plus déchirantes. La princesse seule espérait encore : l'amour s'aveugle sur les dangers de ce qu'il aime ; et plus on redoute un extrême malheur , moins on peut se persuader qu'il est au moment d'arriver. Ainsi, malgré tout ce qu'on disait, tout ce que la princesse voyait , elle croyait toujours qu'il serait rendu à ses vœux ; elle lui parlait sans cesse du temps où il serait en convalescence ; elle formait des projets pour lui procurer des amusemens qui le dissiperaient sans le fatiguer ; mais il ne pouvait se prêter à cette illusion ; et trouvant même qu'elle pouvait être dangereuse à la princesse , en rendant le coup qui devait finir ses jours aussi imprévu pour elle que si elle ne l'avait pas vu s'éteindre à chaque moment, il prit sur lui de la détromper , et , serrant sa main dans la sienne , déjà glacée par le froid de la mort, il lui adressa ces paroles :

O ma femme ! ô mon amie ! que votre tendresse m'est chère ! combien elle adoucit l'amertume de mes derniers momens !..... Et voyant qu'elle voulait l'interrompre. — Non, laissez-moi vous parler, femme trop charmante : il n'est que moi qui puisse avoir le courage de vous annoncer que, dans quelques jours, quelques heures peut-être, nos liens seront rompus !........ La princesse fit un cri, et, se penchant sur le lit du prince, elle s'évanouit. Ses dames s'approchèrent pour la secourir, et elle ne reprit ses sens que pour verser un torrent de larmes. — Eh ! pourquoi vous affligez-vous ainsi, disait ce malheureux prince ; cet instant ne devait-il pas arriver ? Que sont quelques années devant l'éternité ? De combien de maux que nous ignorons, cette mort prématurée m'affranchit peut-être ! Et n'est-il pas probable, si je n'avais pas été arrêté, dans mes excès, par cette cruelle maladie, que je m'y serais endurci, que j'aurais sans cesse affligé votre cœur par ma coupable inconstance ; que vous m'en auriez puni par vos dédains ; et que, devenu l'un pour l'autre un objet de haine, nous eussions vécus malheureux ! car est-il rien qui puisse le rendre autant, que de haïr ce qu'on a tendrement aimé ? Ah ! croyez, mon amie, que lorsque le temps aura calmé vos regrets, vous serez moins affligée de me savoir dans la nuit du tombeau, que vous ne l'eussiez été si j'avais continué de vivre d'une manière si opposée aux exemples que j'avais reçus du plus vertueux des pères, pour qui déjà mon respect s'affaiblissait. Je l'avoue, à ma honte, je commençais à tourner en ridicule sa haute piété. Qui sait jusqu'où cet oubli du plus saint des devoirs aurait pu m'entraîner ?.... Oui, je dois bénir la main qui m'a frappé, puisque, par ses châtimens, elle m'a rappelé à moi-même, et me donne la consolation de mourir aimé de vous, de mon père.... Ah ! promettez-moi de ne jamais l'abandonner : ma sœur sera bientôt mariée ; tenez à M. le duc de Penthièvre lieu de son fils ; parlez de lui quelquefois ensemble. — Je vous le promets, dit la princesse ; non, jamais je ne m'éloignerai d'un pays où j'ai passé quelques

jours si heureux ; non, je ne me sépa-
rerai pas du père de mon époux ; toujours, toujours il sera mon père ! Mais,
quoi ! n'y a-t-il donc plus d'espoir ? —
Aucun, mon amie. Ah ! pourriez-vous,
si vous m'aimez, désirer que je vécusse?
De quoi serais-je capable? Anéanti, traî-
nant sans gloire ma pénible existence,
sans espoir de revivre dans un fils ! Ah !
ne reprochez pas à Dieu sa bonté, qui
m'appelle au ciel, lorsque je ne serais
qu'un inutile fardeau sur la terre. —La
princesse ne répondait à tout ce que lui
disait son époux que par des sanglots ;
elle couvrait ses mains des plus tendres
baisers; elle les pressait contre son cœur ;
elle aurait voulu partager avec lui les
longues années qui semblaient lui être
promises : mais l'heure s'approchait; elle
allait sonner. Cependant, comme dans
toutes les maladies de langueur, où la
nature semble donner de nouvelles forces à la machine, pour qu'elle puisse
briser ses ressorts, il y eut un mieux
sensible, et les médecins eux-mêmes
concevaient quelqu'espoir, quand tout-à-
coup les évanouissemens devinrent si
fréquens, qu'on ne douta plus que ce

serait un de ces accidens qui terminerait
cette longue lutte entre la vie et la mort.
Effectivement, le 6 mai 1768, à sept
heures et demie du matin, madame de
Lamballe, qui ne s'était pas couchée,
assise avec son beau-père auprès du lit
du malade, voyant qu'il avait la respi-
ration élevée et paraissait avoir la bouche
sèche, lui offrit de prendre quelques
cuillerées d'eau et de sirop qu'il accepta ;
et comme elle le lui présentait, et que
M. le duc de Penthièvre soulevait sa tête,
il leur dit, en les regardant tendrement :
Je vous donne bien de la peine, mais ce
ne sera pas long. Il fit effort pour avaler
une simple gorgée, qui ne passa pas. Sa
poitrine se gonfla, ses yeux se fermè-
rent, ses membres se roidirent, ses
cheveux se hérissèrent sur son front ;
il voulut articuler quelques mots qui
expirèrent sur ses lèvres. Il ouvrit encore les yeux, les tourna sur M. le duc
de Penthièvre et madame de Lamballe,
serra avec force leurs mains, qu'il réunissait dans les siennes, et laissa retomber sa tête sur le sein de son père. Les
médecins, qui s'étaient rapprochés au
moment de la crise, jugèrent que c'é-

tait la dernière, et voulaient faire éloigner le père et l'épouse de ce lit où la mort allait étendre son empire ; mais ce fut inutilement : ils pressaient dans leurs bras celui qui déjà ne sentait plus leurs douloureuses étreintes ; ils l'appelaient, il ne les entendait plus. Il fut plus d'une demi-heure dans ce triste état, qui n'était plus la vie, et qui n'est point encore la cessation totale de l'existence ; de légers mouvemens convulsifs assuraient seulement que son âme n'avait pas encore abandonné son enveloppe. Enfin, il poussa un profond soupir, que l'amour au désespoir recueillit sur ses lèvres décolorées ; mais, saisie de terreur en les sentant glacées, madame de Lamballe semble frappée du même coup qui vient de finir la vie de son époux, et tombe sans sentiment dans les bras de ses dames, qui profitèrent de l'instant où elle était sans connaissance pour la transporter dans son appartement. M. le duc de Penthièvre, à genoux près de ce lit funèbre, soutenait encore d'une main tremblante la tête de son malheureux fils, dont la bouche et les yeux entr'ouverts ne présentaient plus à ses regards

désolés que l'image du trépas. Les médecins cherchent en vain quelques légers
battemens, aucun ne se fait sentir; ils
disent au duc, qui les entend à peine :
Il n'est plus. Cependant ce père infortuné, par un effort sublime, et qui n'appartient qu'à la religion, laisse doucement retomber sur sa couche mortuaire
les restes inanimés de ce qu'il aimait
le plus au monde; et, demeurant à
genoux près de lui, adresse à Dieu les
prières que l'Eglise a consacrées à ces
momens lugubres. Les ministres des
autels, qui n'avaient point quitté la
chambre du mourant, y mêlèrent les
leurs. Ce père infortuné, sentant que
son courage ne peut plus soutenir cet
affreux spectacle, se retire à pas lents :
sa suite l'accompagne, et traversant ses
appartemens en silence, il passe dans
son oratoire, où il leur fait signe de
ne pas entrer : il en ferme la porte.
Bientôt on entendit les sanglots que la
nature arrachait à sa douleur; mais se
rappelant tout-à-coup celle de madame
de Lamballe, et combien il était dangereux de l'y abandonner, il commanda
à la sienne, et sortit de ce lieu de prières

le visage consterné, mais calme. Il demanda des nouvelles de sa fille ; et comme on lui dit qu'elle avait été transportée sur son lit, où elle n'avait pas encore repris ses sens, il se hâta de se rendre dans la chambre de cette malheureuse princesse, qui, à sa voix, parut se ranimer. Elle ouvre les yeux, se jette dans les bras du père de l'époux qui est pour jamais séparé d'elle : leurs larmes se confondent. Le prince la laisse exhaler ses tendres regrets ; il sait qu'un sexe que sa faiblesse rend plus sensible, ne peut commander à l'expression de sa douleur. Il attend qu'elle se calme pour faire passer dans son âme les seules consolations qu'il peut lui offrir, par l'espérance que l'objet de leur commune affliction est réuni dans le sein de Dieu, qui, satisfait de la résignation qu'il a montrée dans ses longues souffrances, le comble d'un bonheur qui ne finira jamais. — Bien plus heureux que nous, ma chère fille, il n'est plus dans cette terre d'exil. Parvenu à sa véritable patrie, il ne craint plus les vicissitudes dont le rang le plus élevé ne nous met pas à l'abri. — O mon père ! répondit madame de Lamballe, pensez que je n'ai que dix-neuf ans ; que j'aimais mon époux, et qu'il n'existe plus ; et ses pleurs recommençaient à couler. C'est ainsi que se passèrent ces premiers momens. M. le duc de Penthièvre, ne pouvant supporter la présence d'un séjour qui lui rappelait si vivement la perte qu'il venait de faire, partit, avec sa belle-fille, de Lucienne, et donna ordre que l'on vendît cette maison, qui, depuis, passa à madame Dubarry.

M. de Lamballe avait demandé à être enterré à Rambouillet, sans cérémonie. Le 8, le convoi partit de Lucienne, sur les onze heures et demie du soir. Le cortége était composé d'un corbillard, où était le cercueil, accompagné du curé, du vicaire de Lucienne, et de l'abbé Thacher, aumônier du prince. Dans les autres carrosses de deuil étaient les officiers de sa maison, entr'autres le marquis de Beusseville, le vicomte de Castellane, premier écuyer, qui portait la couronne : suivaient deux gentilshommes. Quatre pages, un piqueur à cheval, un grand nombre de valets de pied, et cent pauvres portant des flambeaux , ouvraient la marche. Le convoi arriva à six heures et demie du matin à Rambouillet, où il fut reçu par le curé, le vicaire de la paroisse, et un grand nombre d'ecclésiastiques des environs. On fit, par ordre de M. le duc de Penthièvre, une distribution de blé à tous les pauvres. On paya la taille de tous les pères chargés d'une nombreuse famille. M. le duc de Penthièvre reçut les complimens de toute la cour ; et ces perfides amis, qui avaient précipité le prince infortuné dans la tombe, feignirent d'être pénétrés de douleur de sa fin malheureuse, qu'ils auraient dû se reprocher amèrement, si le remords eût pu se faire sentir à ces âmes dépravées.

La mort de M. de Lamballe rendait mademoiselle de Penthièvre la princesse la plus riche de France, et de ce moment, M. le duc de Chartres, qui, disait-on, songeait depuis long-temps à demander sa main , ne fut plus occupé que de l'obtenir, pour réunir aux apanages de la maison d'Orléans les biens immenses des fils légitimés de Louis XIV, dont il ne restait d'autres héritiers que le comte d'Eu et le duc de Penthièvre.

Mais la profonde affliction de ce prince et de ses filles ne permettait pas que le duc de Chartres fît, dans ce moment, aucune tentative pour réussir à ce qu'il désirait si vivement. Il crut donc qu'il fallait attendre le retour de Rambouillet, où le duc se renfermait avec madame de Lamballe et mademoiselle de Penthièvre, sans vouloir admettre personne qui pût les distraire de leurs cuisans regrets. Ils ne sortaient jamais du château que pour se rendre à l'église où reposaient les cendres de l'objet de leurs pleurs. Le père, inconsolable, y passait des heures entières à prier pour un fils qu'il craignait n'avoir pas été à l'instant admis dans la gloire céleste. Madame de Lamballe, dont la dévotion ne la détachait pas tant des affections terrestres, croyait n'être pas séparée de son époux lorsqu'elle se trouvait près de son tombeau, et l'amour infortuné joignait ses soupirs à ceux de la pieuse sollicitude de la tendresse paternelle ; enfin, tous deux occupés du même objet, ne cherchaient point à s'éloigner d'un lieu qui renfermait les restes de ce qui leur avait été si cher.

Mademoiselle de Penthièvre, dont l'âme est aussi élevée que son cœur est pur, partageait leur affliction, et ne souillait pas, par un vil intérêt, le caractère sacré de la nature. Elle ne voyait, dans la perte de son frère, moissonné si jeune, que celle d'un ami : la pensée que, par sa mort, sa fortune s'était considérablement accrue, n'approchait pas de son esprit ; et si elle avait pu rendre la vie à cet infortuné, en sacrifiant la portion des biens qui lui auraient appartenus, même de son vivant, elle l'aurait fait sans balancer. Hélas ! il semblait qu'en mettant si peu de prix à ces grandes possessions, elle sentait d'avance qu'elles seraient la cause de tous ses malheurs.

Peu de semaines après que la mort eut frappé M. de Lamballe, elle porta de nouveau ses ravages dans la famille royale. La reine mourut le 25 juin de la même année. Cette princesse, à qui on ne pouvait reprocher que l'excès des vertus, vit approcher la fin de sa vie avec une sorte d'indifférence. Elle n'avait jamais eu d'influence à la cour ; et peu sensible à l'amour d'un époux, beau, jeune et aimable, elle n'avait pris aucun soin de le conserver, et elle le vit infidèle sans autre chagrin que l'inquiétude que la conduite du roi n'entraînât sa perte éternelle. Tous ses vœux se tournaient vers le ciel. Plus propre à la vie religieuse qu'à être la plus grande reine de l'Europe, elle avait la minutieuse dévotion du cloître, dont elle suivait la règle au milieu de la cour. La prière, le travail des mains, dont elle avait contracté l'habitude par la détresse où elle avait passé ses premières années, son triste cavagnol, remplissaient ses jours, qui étaient toujours semblables. Ceux qui l'approchaient disent qu'elle ne manquait pas d'esprit; mais la lenteur avec laquelle elle s'exprimait, le peu de jeu de sa physionomie, n'en donnaient pas l'idée à ceux qui n'étaient pas dans son intérieur. Elle n'avait ni goût, ni élégance dans sa parure; mais elle tenait à l'étiquette avec une extrême sévérité, ce qui ne rendait pas son service agréable; aussi, quoiqu'elle fût généralement estimée, ne l'aimait-on pas. La destruction des Jésuites l'avait sensiblement affectée. Après son père et ses enfans , elle n'aimait rien autant que son confesseur : elle fonda un couvent à Versailles , dota beaucoup de filles de qualité pauvres pour être religieuses : elle avait une grande dévotion aux pélerinages : elle marquait si peu à la cour , qu'à peine s'aperçut-on qu'elle n'existait plus.

Ce fut madame Adélaïde qui reçut les présentations et tint le jeu , et jamais la cour ne fut plus agréable. Elle savait allier la décence à l'amabilité ; l'agrément de son esprit donnait de la vie à tout ce qui l'entourait. Le roi , qui l'aimait beaucoup , se plaisait chez elle. Cette princesse se prêtait à ses goûts , montait à cheval avec lui , donnait des soupers , où ses sœurs étaient toujours , et où elle admettait ce qu'il y avait d'hommes et de femmes aimables à la cour. Pourquoi ces innocens plaisirs , si bien faits pour être sentis par un père , ne suffisaient-ils pas à un homme de l'âge de Louis XV ? Ceux des courtisans vertueux qui désiraient sincèrement que le roi renonçât pour toujours à ces liaisons scandaleuses qui avilissaient la majesté royale , voyant que ce prince ne pourrait se passer long-temps de maîtresse déclarée, s'il ne se remariait pas, conçurent le projet de l'union avec madame de Lamballe.

_La maison de Noailles, qui tenait de si près à M. le duc de Penthièvre, dont la mère était une Noailles, le désirait ardemment ; mais comme ce mariage n'était point de ceux qu'on pouvait négocier, il fallait que Louis XV aîmât la jeune veuve. Nous avons déjà dit qu'il l'avait trouvée très-aimable : mais de ce goût indéterminé qu'il avait pour toutes les femmes jeunes et jolies, à une passion assez forte pour lui inspirer la volonté de partager son lit et sa couronne avec la veuve du dernier prince de son sang, descendant d'un fils naturel de son prédécesseur, il y avait bien loin. Il fallait donc que cette princesse pût inspirer cette passion. Mais il fallait, pour cela, la ramener à la cour ; et comme on était bien sûr qu'elle ne quitterait pas son beau-père, c'était lui qu'il fallait forcer de renoncer à la profonde solitude où il passait sa vie. Ainsi donc, sans qu'il fût question de la princesse, on demanda à M. le duc de Choiseul, alors ministre de la guerre et des affaires étrangères, d'arracher M. le duc de Penthièvre à ses douloureux souvenirs, en lui donnant un moyen de distraction qu'il ne pourrait refuser. Le ministre, qui ne vit dans cette demande des Noailles qu'une marque d'intérêt pour un prince dont l'alliance les honorait, et qui ne pouvait se douter, quelqu'ambitieux qu'il les connût, que leurs vues allassent si loin, se prêta volontiers à leurs désirs. Il donna ordre au régiment de Penthièvre, infanterie, qui depuis long-temps était en garnison au Hâvre, de se rendre à Toulon, et écrivit une lettre particulière au comte de Guébrian, co-lonel-lieutenant, pour l'inviter à passer par Rambouillet et à y faire séjour. M. de Talaru, inspecteur, s'y rendit, pour prévenir son altesse de la marche de son régiment, et lui demander s'il ne lui ferait pas l'honneur de le passer en revue. M. de Penthièvre ne crut pas devoir refuser. En conséquence, il monte à cheval pour aller au-devant de ce corps; et s'étant mis à sa tête, il le conduisit jusqu'à la plaine désignée pour la revue. Les soldats exécutèrent avec la plus grande précision les manœuvres les plus difficiles. Le prince, qui, depuis la mort de son fils, avait paru plongé dans une léthargie dont rien ne pouvait le tirer, prit infiniment de plaisir à voir ces braves gens, qui paraissaient enchantés de manœuvrer sous les yeux de leur colonel. On revint au château, où, sous la tente, on avait fait dresser des tables pour les soldats, à qui l'on servit un repas abondant. M. de Penthièvre y parut. Tout l'état-major et les officiers furent invités, par le duc, à l'honneur de dîner avec lui. Cette fête militaire fut terminée, comme tous les plaisirs de ce bon prince, par un acte de bienfaisance. Il fit remettre au major une gratification pour les sergens, caporaux et soldats du régiment, qui, au premier séjour, leur fut distribuée.

Depuis cet instant, M. de Penthièvre commença à se livrer à la société, et il revint à la cour, où le roi lui témoigna les mêmes égards et la même amitié qu'il lui avait toujours marqués. Alors chaque parti s'occupa de suivre ses projets. M. le duc de Chartres pressait son père de demander, pour lui, mademoiselle de

Penthièvre en mariage au roi ; mais ce prince, qui connaissait la conduite de son fils, craignait de se compromettre en essuyant un refus, et ne se pressait pas d'en parler à Louis XV. D'un autre côté, la maison de Noailles attendait avec impatience que le grand deuil de la jeune veuve s'éclaircît, pour la voir reparaître à la cour dans tout son éclat, persuadée qu'il serait facile d'enflammer les désirs du roi, qui, n'ayant pas l'espoir d'être écouté comme amant, se déciderait à passer avec elle à de secondes noces.

Ce fut vers ce temps que l'île de Corse fut soumise. On parlait fort diversement de cette conquête, qui avait coûté beaucoup d'hommes et 30 millions. Après avoir résisté depuis bien des années, elle céda enfin au parti que l'on avait pris d'intimider, par l'appareil des supplices, et de traiter en rebelles un peuple qu'il avait plu à un autre de vendre au roi de France, et, en moins de deux mois, toute l'île fut soumise. Mais bientôt on envisagea de sang-froid cette acquisition, que l'on avait peinte sous des couleurs si brillantes, et l'on passa de l'enthousiasme à la plus grande indifférence. Qui aurait dit alors au roi : Dans cette contrée sauvage, que le fléau de la guerre a rendue presque déserte, il existe un enfant encore au berceau qui, devenu Français par la réunion de ce petit royaume au vôtre, dictera, au nom de sa patrie adoptive, des lois non-seulement en France, mais à toute l'Europe, qu'il étonnera par ses rapides conquêtes. De quel sentiment il aurait été frappé ! et qu'il aurait bien pu dire : que sont les ressorts les plus déliés de la politique, en comparaison de l'ordre immuable de l'Etre des Etres, qui voit s'agiter l'espèce humaine pour venir, à ce qu'elle croit, à son but, tandis qu'elle ne marche jamais que pour remplir les desseins que le grand moteur s'est proposés? M. de Choiseul, pour illustrer son ministère, veut que le roi ajoute la Corse à ses possessions : l'or, le sang des hommes, tout est prodigué pour y réussir, et tout se fait pour cet enfant dont on ignore l'existence. O hommes ! cessez de vouloir gouverner d'après vos faibles lumières ; vos agitations, vos tourmens sont inutiles ; vous ne retiendrez pas sur le penchant de l'abîme celui qui doit s'y précipiter, et vous n'empêcherez pas l'élévation de ceux qui sont désignés pour étonner l'univers par leurs destinées remarquables (1).

La même année, le roi de Danemarck vint en France : l'entrevue avec Louis XV se fit à Fontainebleau, le 18 octobre ; elle fut affectueuse. Le roi parla à l'illustre voyageur des pertes récentes de sa famille. Il vous reste, reprit ce dernier, de nombreux reje-

---

(1) Frappée de l'étonnant hasard qui a réuni la Corse à la France à l'instant de la naissance de Buonaparte, et qui, en le naturalisant Français, avait ajouté à l'ascendant qu'il plut au ciel de lui accorder, pendant quelques années, sur notre patrie, pour lui donner les moyens de relever les débris du trône et nous accoutumer de nouveau à une obéissance salutaire, aurais-je pu me flatter, quand j'écrivais ceci, que cet homme, alors au faîte de la gloire, ne fût qu'un instrument involontaire, employé par la Providence pour nous rendre nos légitimes souverains ? C'est à présent que nous devons nous écrier : *Que sont les ressorts de la politique la plus déliée, en comparaison de l'ordre immuable de l'Etre des Etres !*

tons qui soutiendront l'éclat du trône ; il est doux, Sire, de voir élever sous ses yeux une si intéressante famille. — J'en ai une, reprit Louis XV, bien plus nombreuse, dont le bonheur serait vraiment le mien. — Cette réponse honorait le cœur du monarque, qui voulait le bien et n'avait pas toujours la force de le faire exécuter. Le souper fut très-aimable : Christian y montra beaucoup d'esprit. Le roi, en parlant de son âge, disait à son hôte : Je pourrais être votre grand-père. — C'est ce qui manque à mon bonheur, reprit sa majesté danoise avec effusion. — On cite de lui mille traits ingénieux. Il s'entretenait un jour avec madame de Flavacour, et paraissait la trouver charmante. — Savez-vous bien, dit le roi de France, que cette aimable femme avec laquelle vous causiez tout-à-l'heure, a cinquante ans ? — C'est une marque, Sire, que l'on ne vieillit pas à votre cour.

Tous les princes s'empressèrent à donner des fêtes au roi de Danemarck. M. le duc de Penthièvre le reçut, le 18 novembre, à l'hôtel Toulouse, où il y eut appartement et un souper magnifique ; les plus belles femmes de la cour s'y trouvèrent, et y parurent couvertes de diamans. La cour était encore en deuil de la reine, et cette uniformité ajoutait à la beauté du coup-d'œil. Madame la princesse de Lamballe fit les honneurs de cette fête avec infiniment de grâces ; la teinte mélancolique qui voilait ses charmes ne les rendait que plus touchans.

Elle se trouva aussi, le 25, au Palais-Royal, où il y eut douze tables, dont une de quatre-vingts couverts, où étaient le roi de Dauemarck, tous les princes et les princesses du sang, à l'exception du duc de Chartres, qui faisait les honneurs d'une autre table de cent couverts. M. le duc d'Orléans, qui vivait constamment en particulier, déploya, dans cette occasion, une magnificence qu'on aurait pu dire vraiment royale. Le monarque danois fut sensible à l'attention qu'avaient eue les officiers du prince de représenter sur le surtout de la table où il était, la ville de Copenhague et son palais, avec les détails les plus minutieux.

Le prince de Condé pensa que Chantilly remplirait, mieux que son palais, le but qu'il s'était proposé, en ne répétant pas ce que les autres princes avaient fait pour donner à Christian une idée de la galanterie française. Ce séjour enchanté paraissait habituellement une féerie; il est aisé d'imaginer ce qu'il pouvait être, animé par une foule immense, attirée par les spectacles, les jeux que le prince y avait réunis. Il y eut une chasse aux flambeaux qui plut infiniment : mais rien de plus magnifique que l'illumination de la forêt, dont une route de la plus grande étendue, éclairée dans toute sa longueur, était terminée par un foyer de lumière, qui n'était autre chose qu'un brasier où l'on jeta toute la nuit des arbres entiers, ce qui faisait un effet merveilleux. Mais ne se trouva-t-il pas, parmi tous ceux qui assistèrent à cette fête, une âme sensible qui pût se dire : Cette consommation inutile serait mieux employée à chauffer, pendant cet hiver, une multitude de familles qui souffrent du froid, mal presqu'aussi cruel que la faim ?

Madame de Lamballe reparut à la cour, et Louis XV la revit avec un sensible plaisir. Elle fut des soupers de madame Adélaïde, et s'aperçut des progrès qu'elle faisait sur le cœur du roi ; mais incapable de se laisser enivrer par les chimères de l'ambition, elle sut conserver, dans cette position délicate, une modération si parfaite, que personne ne put la soupçonner de se prêter à l'intrigue qui voulait la placer sur le trône ; elle-même ne savait peut-être pas ce qu'elle désirait. Le roi était beau, mais il avait près de soixante ans : la vie qu'il menait depuis bien des années ne pouvait rendre sa conquête flatteuse pour une femme délicate ; et le rang de reine, en voulant en remplir les devoirs, n'avait rien que d'imposant, et ne pouvait ajouter aux jouissances que les tendres bontés de son beau-père lui prodiguaient. S'il y a quelque bonheur d'attaché à la première place du royaume, ne serait-il pas racheté par une gêne continuelle ? la passion même qu'elle inspirerait ne serait-elle pas, pour elle, une source de peines ? Pourrait-elle oublier, avec un époux sexagénaire, celui qui, moissonné à la fleur de ses ans, lui avait fait connaître tous les charmes de l'amour ? Le roi, en vieillissant, ne pourrait-il pas devenir inquiet, jaloux ? Mais, quand cela ne serait pas, ne sentait-elle pas qu'elle pourrait dire, avec madame de Maintenon : *Quelle tâche, cependant, d'amuser un homme que rien n'amuse !* Pour remplir les vues pieuses de ceux qui ne voulaient la donner pour compagne légitime au roi que dans le dessein de le retirer du désordre, il fallait se déterminer à être pour lui la maîtresse la plus complaisante, autant que l'épouse la plus fidèle : et quel bonheur pouvait-elle en attendre pour elle-même ? La liberté dont elle jouissait n'était-elle pas mille fois préférable aux chaînes brillantes qu'on voulait lui donner ? Cependant les princesses ont tellement reçu pour principe, dans leur éducation, qu'elles doivent se sacrifier à l'agrandissement de leur maison, que madame de Lamballe, réfléchissant à l'éclat que le trône de France ferait rejaillir sur les princes de Carignan, ne crut pas devoir s'opposer au parti qui voulait l'y porter ; et, sans convenir qu'elle voyait avec plaisir l'impression qu'elle faisait sur le monarque, elle ne cherchait pas à lui ôter l'espoir qu'elle y serait sensible. On parlait tout bas, dans la maison de Penthièvre, de cette grande alliance, et déjà cette nouvelle circulait dans les cercles de la capitale. Le duc de Chartres n'en avait que plus de désir d'épouser mademoiselle de Penthièvre.

Enfin, le duc d'Orléans se détermina à en faire la demande au roi, qui d'abord la rejeta, par la crainte que le duc de Chartres ne rendît point heureuse cette aimable personne, qui lui avait été présentée, le 7 décembre, par madame la comtesse de la Marche, et, le lendemain, tenue sur les fonts de baptême par M. le Dauphin et madame Adélaïde, qui lui donnèrent les noms de Louise-Marie-Adélaïde. Cet instant avait paru à M. le duc de Chartres celui qui était plus propre à obtenir l'objet de ses vœux. Mais quoique Louis XV se fût égaré dans les sentiers de la volupté, il n'en respectait pas moins la vertu, qui ne pouvait jamais paraître sous une image plus intéressante que sous les traits de mademoiselle de Penthièvre, et il n'eût pas voulu l'exposer aux chagrins qu'il prévoyait qu'elle aurait à supporter s'il l'unissait au duc de Chartres. C'était donc en vain que M. le duc d'Orléans, pressé par son fils, sollicitait le roi d'accorder son consentement.

Cependant, vaincu par les importunités d'un prince qu'il aimait, Louis XV se laissa ébranler ; mais il y mit pour condition que le goût de la jeune personne serait consulté, et qu'on lui dirait, autant que les égards dus à son âge et à son sexe le permettaient, tout ce qu'elle avait à redouter d'un mari qui avait jusqu'alors mené une vie si peu régulière. On en parla donc à M. le duc de Penthièvre, qui, tout pieux qu'il était, ne put s'empêcher d'être flatté que sa fille devînt première princesse du sang, et se chargea de sonder les sentimens de son cœur. Il ne le trouva que trop disposé en faveur de ce prince, qui promettait de se réformer dès qu'il serait uni avec une femme si intéressante. Cependant, M. le duc de Penthièvre ne dissimula pas à sa fille qu'il y avait à craindre que M. de Chartres ne conservât des liaisons avec des femmes qui la rendraient malheureuse. —O papa ! répondit-elle avec assez de vivacité pour faire sentir qu'elle l'aimait déjà, tous les princes ont des maîtresses ; mais pourvu que M. de Chartres me préfère à toutes les femmes qui l'aimeront, je me trouverai heureuse. Le duc rendit cette réponse au roi, qui dit : Elle le veut, à la bonne heure ; puis, faisant venir le duc de Chartres, il lui fit une morale très-sévère sur ses déréglemens, et lui signifia que, pour s'assurer s'il était capable de renoncer au genre de vie qu'il avait mené jusqu'alors, il ne consentirait à son union avec mademoiselle de Penthièvre qu'après plusieurs mois employés à faire oublier sa mauvaise conduite. M. de Chartres se soumit à ce temps d'épreuves, et le mariage fut fixé au 5 avril suivant. Madame de Lamballe ne put s'empêcher de déplorer en secret le malheur de sa belle-sœur, dont elle ne comprenait pas l'aveuglement.

Madame de Lamballe passa l'hiver à l'hôtel Toulouse, allant toujours de temps en temps à Versailles, où le roi continuait de lui donner des marques

certaines de son affection, qui réveil-
lèrent les intrigues. M. de Choiseul sentit qu'une jeune reine, extrêmement
aimable, aurait un empire absolu ; que
la maison de Noailles, déjà très-puis-
sante, le deviendrait peut-être assez pour
s'emparer du ministère. Secondé par madame la duchesse de Grammont, sa sœur,
qui avait autant d'ascendant sur lui que
le duc en avait sur le roi, ils employèrent
tous leurs soins pour engager de plus en
plus, dans leurs filets, ce monarque,
que le ministre éblouissait par ses vastes
projets politiques.

Déjà il avait conçu celui d'unir la
maison d'Autriche à la France, en
mariant le Dauphin avec une archiduchesse. Le roi, qui ne respirait que
la paix, et qui ne songeait qu'à assurer
la tranquillité de la fin de son règne,
saisissait avec ardeur un plan qui pouvait endormir, pendant quelques années, les haines que ces deux maisons
s'étaient jurées depuis plusieurs siècles,
sans s'occuper si, après lui, les bran-
dons de la discorde ne se rallumeraient
pas avec plus de furie. Persuadé que
M. de Choiseul était le seul homme qui

pouvait lui assurer le repos, il se conduisait par ses avis ; et comme ce ministre lui faisait entendre qu'il ne pouvait offrir à la fille des Césars une
seconde place à sa cour, il renonçait
peu à peu à destiner la première à
madame de Lamballe. Richelieu, qui,
par des moyens plus criminels, s'était
assuré la confiance et l'affection du roi,
était encore plus effrayé d'un projet de
réforme qui détruirait sa puissance. Il
chercha donc les moyens de prolonger
les coupables erreurs du monarque , et
chargea ses vils agens de trouver une
femme assez belle pour le faire renoncer aux sages résolutions qu'il avait prises de ne plus avoir de maîtresse déclarée. Il ne fut que trop facile , dans une
ville aussi peuplée que Paris , de ren-
contrer une beauté parfaite parmi celles
dont l'innocence a été sacrifiée , dès l'aurore de sa jeunesse, à la séduction du
vice : telle était mademoiselle Lange.
Ce n'est point dans un ouvrage consacré
à célébrer les malheurs et la vertu , que
l'on doit chercher les détails de ces mystères d'iniquité ; et je ne souillerais pas
même ma plume du nom de cette femme,

si elle n'avait eu trop d'ascendant sur l'esprit du roi, pour qu'on pût passer sous silence ce qui a rapport à cette dernière faiblesse de Louis XV. Cependant on ne croyait pas, même à la cour, que ce goût, quelque vif qu'il parût au commencement, pût jamais prendre assez de consistance pour faire renoncer S. M. à tout respect humain, et cette basse intrigue demeura quelque temps renfermée dans ce que l'on nommait les petits appartemens.

M. de Chartres, qui avait paru donner moins de prise sur lui depuis quelques mois, pressait son père de conclure son mariage ; et, le 4 avril 1769, le contrat fut signé dans le cabinet du roi, par S. M. et la famille royale. Le 5 avril, avant midi, le roi, accompagné de M. le Dauphin, des comtes de Provence et d'Artois, de mesdames Adélaïde, Victoire, Sophie et Louise, des princes et princesses du sang, se rendit à la chapelle, précédé du grand-maître des cérémonies. M. le duc de Chartres et mademoiselle de Penthièvre, qui ouvraient le cortége, s'avancèrent jusqu'aux marches de l'autel ; et lorsque la famille royale se fut approchée, le cardinal de la Roche-Aimon, grand-aumônier du roi, leur donna la bénédiction nuptiale, qui avait été précédée de la cérémonie des fiançailles. Le soir il y eut appartement au château et jeu dans la galerie, depuis le salon d'Hercule jusqu'à celui de la Guerre. Le roi soupa en public, avec les enfans de France, mesdames, M. le duc d'Orléans, M. le duc et madame la duchesse de Chartres, le prince de Condé, le duc de Bourbon, le prince de Conti, la princesse de Conti douairière, le comte et la comtesse de la Marche, le comte de Clermont, le comte d'Eu, le duc de Penthièvre et madame la princesse de Lamballe. Cette brillante réunion ne devait plus avoir lieu que deux fois ; et la France, livrée, peu de temps après le mariage de M. le Dauphin, à l'esprit de faction, allait faire l'essai de ces divisions funestes qui bouleversèrent l'empire. Mais, sans nous occuper encore de ces grands évènemens politiques, qu'il me soit permis de faire une réflexion sur ce grand nombre de princes réunis à la table du roi, dont plus de la moitié était à la fleur de l'âge ; qui aurait dit alors que, dans l'espace de vingt-trois ans, tous, sans en excepter un seul, seraient la proie de l'Achéron ou languiraient dans l'exil, après avoir, pour la plupart, souffert les horreurs de la prison et de la misère ? O fortune ! que tes faveurs valent peu l'envie que tu inspires aux humains ! Combien d'hommes qui assistaient à ce banquet se disaient : Qu'ai-je fait au ciel pour n'avoir pas ma place parmi ces illustres personnages ? Qu'ils sont heureux ! disaient les autres ; quel éclat les environne ! Et déjà leur sort est tracé dans le livre des destinées. Ils mourront, ou seront plus malheureux que s'ils avaient cessé d'être (1). — Quelles sont belles ! disait une jeune fille en regardant madame de Chartres et madame de Lamballe. Quel feu lan-

----

(1) Les évènemens dont nous venons d'être témoins, nous ont prouvé que le ciel, dans sa rigueur, n'est point inexorable : une partie de ces mêmes princes, jouet du sort durant de longues années, il est vrai, ont reparu au milieu de nous avec leur antique splendeur. La vertu, la résignation ont donc aussi leur récompense sur la terre ?

cent leurs diamans ! Que ces grands habits font bien valoir l'élégance de leur taille ! Que ces riches étoffes sont éblouissantes ! Quelle différence avec ma modeste parure ! Cessez de comparer avec tristesse votre sort au leur ; voyez arriver ces terribles catastrophes, qui ne leur laisseront que leurs vertus. Voyez cette jeune princesse, dont vous enviez le bonheur, livrée à tous les chagrins de l'amour trahi ; voyez-la, toujours tendre, toujours fidèle à l'époux qui fait couler ses pleurs, souffrir également et des fautes de cet époux, et du triste sort qu'elles attireront sur lui ; voyez-la traînée dans les cachots, enfin bannie de sa terre natale, et dites si vous voudriez, pour prix de quelques années d'éclat, souffrir tous les maux qui l'attendent : et cette princesse de Lamballe, qui vous paraît a l'abri des coups du sort, qui, ayant perdu un époux qu'elle aimait, semblait avoir payé le tribut à l'humaine misère, et n'avoir plus à attendre que des jours tranquilles, dont la paix de son âme garantissait le calme, que de chagrins les intrigues des cours lui préparaient !

Combien son amitié pour son auguste maîtresse lui causera de larmes ! dans quel horrible malheur elle la précipitera ! Et qui n'aurait vu la belle-sœur de la duchesse de Chartres que le jour de ce festin , pourrait - il reconnaître cette déplorable princesse au derniér moment de sa vie? Et vous, héritier de la plus belle couronne de l'univers ; vous qui entrez à peine dans l'adolescence , si, au milieu de ce festin , l'avenir se fût présenté à vos regards effrayés ; si vous aviez vu le trône où dans peu d'années vous deviez monter , se changer en échafaud , combien n'auriez-vous pas déploré votre jeunesse et envié le sort de vos parens , dont l'âge devait leur faire trouver le repos dans la tombe de leurs pères, avant ces terribles secousses qui feront crouler sur votre tête innocente l'édifice de votre gloire ! Mais loin que cette funeste préscience , qui rendrait la vie de l'homme mille fois plus malheureuse qu'elle ne l'est, vint attrister ces augustes personnages , cette cour, si brillante alors , était encore embellie par l'expression du plaisir et de la gaîté. Puissance, honneur, richesse., tout se réunissait autour de nos princes , et l'avenir ne se présentait à eux que sous les couleurs les plus agréables. Les chimères de l'ambition , dont l'homme le plus sage se défend difficilement, lorsqu'il n'en est occupé que pour ses enfans, se faisaient jour jusqu'au cœur du duc de Penthièvre. Avec quelle joie il considérait sa fille assise si près du trône ! Comme il admirait sa modeste contenance , la sérénité de ses traits, où l'amour heureux brillait d'un feu si doux ! Elle lui retraçait l'image de son épouse, et déjà il jouissait du bonheur de renaître en elle. Si le ciel l'avait privé d'un fils qui lui était si cher, il lui avait donné une fille qui ferait, dans tous les temps , sa gloire et sa consolation. M. le duc de Penthièvre ne conservait plus, il est vrai, l'espérance de voir sa bru reine de France. La passion de Louis XV pour mademoiselle Lange n'était plus un mystère, que par l'embarras que le roi avait encore à la déclarer ; mais on en parlait tout bas, et il n'était plus douteux que rien ne ferait renoncer le monarque à cette femme, qui , malheureusement , était la plus belle qu'on pût voir. Lais-

sous Richelieu affermir par elle sa do-
mination, et Choiseul lui disputer l'empire qu'il voyait qu'elle allait prendre
sur le roi, en faisant courir des pam-
phlets qui dévoilaient la bassesse de son
origine, et, plus encore, le désordre de
ses premières années.

Revenons, avec M. de Penthièvre et
ses aimables filles, habiter leurs superbes maisons. Mesdames de Chartres et
de Lamballe, depuis le mariage de la
première, étaient encore plus unies : il
y a une certaine réserve entre une jeune
fille et une femme mariée, qui n'établit
point cette égalité nécessaire pour donner à l'amitié tous ses droits : ainsi ces
deux sœurs s'aimèrent plus tendrement
quand mademoiselle de Penthièvre eut
subi le joug de l'hymen. Elles firent
différens voyages dans les grandes possessions de M. le duc d'Orléans et de
M. de Penthièvre. Partout la bienfaisance accompagnait leurs traces. Vieillards, mères de famille, veuves affli-
gées, enfans orphelins, vous trouviez
auprès de ces âmes généreuses le soula-
gement de toutes vos douleurs. Avec
quelle bonté elles vous écoutaient !

Comme elles allaient au-devant de la timide indigence ! Jamais une promenade ne pouvait leur offrir un but agréable, qu'autant qu'elle leur donnait l'occasion de venir au secours de l'humanité souffrante. Que j'aime à me les représenter parées des grâces de la jeunesse, et sous le costume de la simplicité champêtre ! Une simple robe de mousseline, un grand chapeau de paille, faisant rester leur calèche à l'entrée du hameau, et à peine suivies, le traverser à pied, pour y chercher la plus pauvre cabane. Elles s'arrêtèrent un jour à la vue de trois petits enfans presque nuds, dont l'aîné pouvait avoir au plus huit ans, et qui faisait manger au plus jeune du lait caillé et du pain bis. Les enfans restèrent muets d'admiration en voyant de si belles dames. Elles entrent et aperçoivent sur un mauvais matelas, étendu sur un peu de paille, un vieillard vénérable, dont les cheveux blancs couvrent le front sillonné par les ans, mais où brille la vertu ; une femme, jeune encore, dont les traits sont effacés par la douleur et la misère, est assise près de lui. Il ne reste, dans cette triste demeure,

qu'une table à moitié cassée, un banc,
quelques ustensiles de bois et de terre ;
mais tout est propre, et annonce le malheur et non le désordre. Les princesses
virent bien qu'elles n'étaient pas connues, et en sentirent plus vivement le
plaisir qu'elles auraient de soulager cette
famille infortunée. Madame de Chartres
demanda au vieillard s'il y avait long-
temps qu'il était malade. — Il y a vingt-
sept ans, madame, que je suis paraly-
tique, et depuis cet instant je n'ai pas
quitté mon lit, qui était moins mauvais
qu'il ne l'est aujourd'hui ; bientôt il le
sera davantage, car voilà la Saint-Martin ;
il faut payer la rente de cette maison et
la taille ; il n'y a plus d'autre moyen
que de vendre ce matelas : je ne croyais
pas être réduit à n'avoir d'autre lit que
la paille. Je sais bien que j'aurai une
autre ressource. — Quelle est-elle ? —
C'est, madame, d'obtenir d'être trans-
féré à l'hôtel des Invalides. — Vous avez
donc servi ? interrompit madame de
Lamballe. — Pendant trente-quatre
ans, dans le régiment de Chartres, où
j'étais caporal, n'ayant pu être sergent,
parce que je ne savais pas écrire. A l'ins-

tant où je fus attaqué de cette cruelle maladie, j'obtins les invalides ; mais comme j'aimais beaucoup ma femme et mes enfans, je préférai de prendre la pension, pour rester dans mon pays. J'avais trois fils qui gagnaient bien leur vie. A la mort de ma femme, je me suis retiré chez l'aîné, qui venait de se marier à cette brave femme, qui a eu pour moi des soins extrêmes. Mais mon fils a péri dans la forêt, sans que l'on ait jamais pu savoir quelle avait été la cause de sa mort : il a laissé ces trois enfans que vous voyez à la porte. Ma pension n'est pas suffisante à mes besoins , et mes autres fils ont une famille nombreuse, et des femmes qui ne sont pas aussi bonnes que Nanette ; de sorte qu'il n'y a qu'elle qui ait soin de moi : mais son travail peut à peine suffire à notre subsistance journalière, et il faut vendre, tous les ans, quelques meubles de notre ménage pour la rente et les impôts. Bientôt il ne nous restera plus rien ; il faudra me résoudre à quitter Nanette, pour ne pas ajouter à son embarras..... J'en mourrai de douleur. — Vous ne mourrez point, bon vieillard, dirent en même temps les deux princesses ; et, déposant leurs bourses sur le lit du vieux soldat, elles voulaient se dérober à la reconnaissance ; mais la jeune femme s'était déjà jetée à leurs pieds ; elle tendait les bras pour les retenir. — Anges du ciel, ne nous quittez pas, s'écria-t-elle, je vous en conjure, sans nous dire à qui nous devons la vie..... Madame de Lamballe ne pouvait retenir ses larmes, en voyant la joie succéder à la profonde douleur sur la physionomie de Nanette. — Relevez-vous, relevez-vous, lui disait madame de Chartres ; je ne fais que remplir un devoir. Mon mari est colonel du régiment où votre père a servi si long-temps. — Quoi ! s'écria le vieux militaire, vous êtes la femme de mon colonel ; vous êtes la bru de monseigneur, la fille du vertueux duc de Penthièvre ? Ah ! je dois bénir ma misère, qui me procure le bonheur de vous voir. Et cette belle dame est sûrement votre sœur ? — Oui, c'est Lamballe. — Ah ! mesdames ; ah ! mes bonnes princesses, le ciel vous bénisse ; qu'il verse sur vous toutes les grâces ; qu'aucun malheur n'approche de vous, qui venez de les éloigner pour jamais de ma vieillesse ! Mes enfans, priez Dieu sans cesse pour la conservation des jours précieux de monseigneur, de mesdames, de M. le duc de Penthièvre ; et les pauvres enfans élevaient leurs petits bras autour des princesses, qui les prenaient les uns après les autres pour les caresser. — Me sera-t-il permis, reprit le vieillard, de demander une grâce à vos altesses ? — Dites, mon vieux camarade, et soyez sûr que tout ce qui sera en notre pouvoir, nous le ferons. — C'est de me permettre de donner une de ces bourses à ma voisine Marguerite, qui est aussi pauvre que je l'étais avant que les anges du ciel fussent venus me visiter ; elle a soixante ans et elle est infirme ; son fils, qui la faisait vivre, a été obligé de s'engager pour payer les frais d'une maladie qu'elle avait faite, et, depuis son départ, elle meurt de faim, ne pouvant se résoudre à mendier. Avec cette somme elle pourra dégager son fils, et se trouvera quelques avances pour se mettre à l'abri de la misère. — Nous ne voulons point, respectable vieillard, vous priver du mérite d'une si belle action ; partagez avec Marguerite cet argent, nous ne nous y opposons point.. — Va vîte, ma fille, dit le vieux soldat, va lui dire de venir. Tandis que Nanette se rend chez sa voisine, les princesses, sous le prétexte d'aller se promener dans le petit jardin avec les enfans, regagnent leur voiture.

Cependant Marguerite, en s'appuyant sur le bras de la bru du vieillard, pressait ses pas tardifs pour arriver plutôt ; elle est bien chagrine lorsque, cherchant mesdames de Lamballe et de Chartres dans le jardin, elle ne les trouve plus. Mais quand le vieillard lui eut montré la bourse de 5o louis qui lui était destinée, elle crut qu'un rêve l'abusait. — Quoi ! je reverrai Charlot, et j'aurai de l'argent pour lui acheter du bois pour qu'il puisse travailler ! Il épousera Javotte ! ah ! je suis trop heureuse ! ô mon voisin ! c'est à vous à qui je dois ce secours.... Vous avez donc dit à madame la duchesse combien j'étais pauvre ? — Oui, ma voisine ; et il se gardait bien de lui apprendre que c'était lui qui lui donnait cet argent, en partageant si généreusement avec elle, car la bonne Marguerite n'aurait pas voulu l'accepter. Cependant on va chez M. le curé, pour l'engager à écrire au colonel de Charlot. Nanette prie Marguerite de rester auprès de son beau-père, tandis qu'elle ira à la ville voisine pour acheter tout ce dont ils ont besoin. La misère s'éloigne de cette cabane ; l'aisance et le bonheur y reviennent.

Les princesses, de retour au Rincy, racontent aux princes leur aventure ; ils partagent leur admiration pour la générosité du vieux soldat, et désirent de la récompenser : c'était bien l'intention de leurs altesses ; mais elles n'avaient pu dans l'instant se livrer au mouvement de leurs cœurs, ayant donné tout ce qu'elles avaient d'argent sur elles. D'ailleurs, elles avaient pensé qu'il était mieux de laisser jouir le vieux soldat quelques momens de sa belle action. M. le duc d'Orléans dit qu'il fallait envoyer à cette famille le titre de propriété de la maison qu'elle tenait à rente, et M. de Penthièvre y joignit une petite pension pour le vieillard, réversible sur la tête de la veuve. On donna ordre de dresser ces actes, que, dès le lendemain, les princesses reportèrent à la chaumière.

Elles furent frappées, en y entrant, de la trouver si changée, et comprirent alors combien 5o louis avaient de valeur lorsqu'ils étaient bien placés. Je n'entreprendrai pas de peindre la reconnaissance du vieillard et de sa famille, pour les nouveaux bienfaits dont leurs altesses les comblaient ; Marguerite y mêla les témoignages de la sienne, que les princesses refusèrent de recevoir, disant qu'elle ne devait rien qu'au vieux militaire, et lui apprirent de quelle manière elle avait reçu cet argent. Marguerite partage ses remercîmens entre son bon voisin et les princesses, qui ne se séparent de ces dignes gens que pénétrées de la simplicité de leurs vertus, comme ils l'étaient de leurs touchantes bontés.

On doit à la vérité de dire que M. le duc de Chartres, entraîné par des exemples si généreux, se livra aux charmes si touchans de la bienfaisance, et cela sans qu'on pût, dans ce temps, attribuer sa générosité à d'autres motifs qu'au plaisir de faire du bien. Je rapporterai, entr'autres, deux traits de lui, qui prouvent qu'il se serait toujours montré digne de sa noble origine, s'il n'eût point été séduit par des monstres.

Un jour que le duc de Chartres passait en cabriolet dans une rue de Paris fort étroite, il y avait beaucoup de monde attroupé devant la boutique d'un petit marchand de meubles. Le prince, forcé de s'arrêter, demande aux voisins ce qui cause cet embarras. — Hélas! monsieur, lui répond un homme d'une figure vénérable, c'est un pauvre marchand qui a fait crédit à plusieurs personnes qui ne l'ont pas payé. Il avait fait un billet, comptant sur des rentrées : n'ayant pas reçu, il n'a pu l'acquitter. Celui dans les mains duquel il est a obtenu sentence, et on saisit chez lui, sans pitié pour sa femme, qui est accouchée, il y a deux jours, de son sixième enfant. Parmi ceux que vous voyez là, personne ne vient à son secours, et ils paraissent se faire un spectacle de sa douleur. M. de Chartres n'en entend pas davantage, saute de sa voiture, fend la foule, et arrive jusqu'à l'huissier, qui ne le connaissait point. Il lui ordonne de cesser ses poursuites. — De quel droit? répond l'être malfaisant ; mes pièces sont en regle, rien ne peut m'empêcher d'instrumenter. — Je vous en empêcherai bien. — Ah ! nous verrons, reprend l'huissier ; point de violence, ou je vous coucherai sur mon procès-verbal. — Je ne crois pas ; mais finissons, sortez d'ici, vous et vos records. — Vous plaisantez, je crois. — Non, je ne plaisante pas : donnez-moi du papier. — A quoi bon ? — Vous l'allez voir ; et le prince fit un bon de 600 fr. sur son trésorier, et le remit, signé de lui, à l'huissier, qui se confondit en excuses, tandis que M. le duc de Chartres remonte dans son cabriolet, et s'éloigne à toute bride.

Un autre jour, allant à Mousseaux à pied, il voit un homme pleurant sur le pas de sa porte ; il s'approche de lui, et lui demande ce qui l'afflige. — Hélas ! monsieur, ma femme vient d'accoucher, et nous sommes si pauvres que personne ne veut se charger d'être parrain de notre enfant. — N'est-ce que cela ? reprit aussitôt le prince, je le serai. Il dit au père de le conduire, entre et voit une femme couchée sur un mauvais lit, entourée de quatre ou cinq petits enfans aussi maigres qu'elle, et sur son sein celui qui vient de naître : une vieille femme lui rendait des soins ; il comprit qué c'était la mère de l'accouchée. — Allons, ma bonne dame, dit-il, prenez le nouveau-né et allons lui donner un nom. — La vieille, surprise qu'un aussi beau monsieur voulût bien être le parrain dé son petit-fils, le prend dans ses bras ; traverse la cour avec son gendre et M. le duc de Chartres, qui sortit de la chambre le dernier, et posa sur la cheminée 25 louis ; puis, faisant avancer un fiacre, il se rend à l'église avec le mari et la mère, dicte bas ses noms et qualités au clerc, nomme l'enfant, signe sur le registre, et sort de l'église avant que les parens eussent eu le temps d'apprendre, par la signature, que c'était le duc de Chartres qui avait bien voulu tenir sur les fonts de baptême ce pauvre enfant, à qui il a continué de faire du bien. C'était par de semblables traits qu'il méritait de plus en plus la tendrese de sa femme, qui se flattait de l'avoir ramené à la vertu.

Le roi avait fait marier sa maîtresse au comte Dubarry, frère de celui qui avait eu l'indignité de la lui présenter,

et qui, pour prix de cette infamie, voulut que son propre frère lui donnât son
nom, afin que, pouvant avoir un rang
à la cour, elle fût à portée de répandre
sur sa famille les grâces et les trésors :
comme si on pouvait couvrir un pareil
opprobre avec l'or et la faveur ! M. de
Choiseul, qui ne pouvait supporter l'idée
d'être forcé de faire sa cour à la nouvelle
comtesse, employa tous ses moyens pour
engager Mesdames à ne point consentir à
sa présentation. On assure que Lebel lui-
même sentit, pour la première fois, la
honte de son emploi, en voyant le tort
qu'une pareille passion ferait à son maître, et qu'ayant essayé de le désabuser
sur le compte de cet objet de son attachement, ne pouvant y réussir, son
désespoir fut tel qu'il périt subitement
d'une manière funeste, soit volontaire
ou naturelle.

Quoi qu'il en soit, on ne parvint à
déterminer madame Adélaïde à recevoir
les révérences de la comtesse Dubarry,
qu'en lui faisant craindre que le roi ne
tombât malade de chagrin, s'il était
plus long-temps contrarié. Cette faiblesse, excusable par son motif, fut

cependant infiniment fâcheuse pour la France. Cette audacieuse courtisane ne fut pas plutôt au rang des femmes présentées, qu'elle s'en crut tous les droits, et son stupide orgueil s'arma de la bassesse des courtisans, qui vinrent sans pudeur encenser l'idole de leur maître, pour les soumettre à tous ses caprices; il n'y eut pas jusqu'aux plus grands seigneurs qui ne lui prostituassent leurs hommages. Des femmes portant les plus beaux noms ne rougirent pas d'être ses complaisantes, et elle ne craignit point de punir, par le dernier des outrages, une jeune personne nouvellement mariée, qui était admise dans sa société, et dont je tais le nom et l'insulte, par respect pour ceux qui liront ces Mémoires. M. de Penthièvre et M. le prince de Conti refusèrent de plier le genou devant l'insolente favorite, et le roi ne les en estima que plus; car tel était son caractère, que ce qui portait l'empreinte de la vertu plaisait à son âme, qui était faite pour elle, tandis que ses sens l'entraînaient d'erreurs en erreurs : exemple qui doit faire frémir ceux qui se laissent gouverner par leurs passions, et à qui

il ne manque peut-être qu'autant de
puissance qu'en avait le roi, pour éton-
-ner aussi par l'abus qu'ils en feraient.

M. de Choiseul, à qui dix années du
plus grand crédit avaient fait croire qu'il
était impossible que Louis XV pût se
passer de lui, traita toujours avec la
plus grande hauteur les Dubarry, d'autant plus qu'il croyait se faire un nouvel
appui par le mariage du Dauphin avec
l'archiduchesse ; aussi ne redoutait-il
pas les basses intrigues qui se tramaient
contr lui. En vain la comtesse étala à
Compiègne et à Fontainebleau un luxe
de reine ; il croyait toujours que cet
éclat emprunté s'éclipserait devant celui
d'une jeune princesse que ses grâces et
sa beauté eussent fait remarquer dans
la classe la plus médiocre. Ce ministre,
qui, malgré les torts qu'on lui reproche, ayait beaucoup d'élévation dans
l'âme, ne pouvait croire que le roi sup-
porterait l'idée qu'une femme aussi mé-
prisable parût aux noces de son petit-
fils, parmi les dames de sa cour ; il se
flattait que cette époque serait celle de
la disgrace de la favorite, et avançait,
par ses vœux et ses négociations, l'ar-

rivée en France de madame la Dauphine.

Vers l'automne, madame la duchesse de Chartres fut inoculée : l'inoculation n'était pas encore très-accréditée en France. En vain les Anglais en faisaient les plus heureux essais depuis beaucoup d'années ; elle avait bien des préjugés à vaincre dans notre patrie : même aujourd'hui, où de nombreuses expériences en prouvent la bonté, on est encore loin d'en faire un usage aussi universel qu'on le devrait, et des milliers d'enfans périssent victimes de l'ignorance ou de l'obstination de leurs parens. M. le duc de Chartres, déjà attaqué de l'anglomanie, tenait infiniment au succès de cette opération ; aussi, tant pour en assurer la réussite, que par tendresse pour sa femme (car il est bien difficile d'imaginer que dans ces premières années il ne l'aimât pas), il lui rendit les plus tendres soins, ne la quitta pas un instant, et employa, ainsi que les ducs d'Orléans et de Penthièvre, tous les moyens de la distraire. L'inoculation réussit parfaitement, et la princesse sortit de cette maladie, belle, et dans une parfaite santé.

Quand la duchesse fut guérie, madame de Lamballe, qui ne voulait, pas plus que son beau-père, faire sa cour à la comtesse Dubarry, partit avec le prince pour Vernon, où elle passa l'hiver. Là, entourée d'une cour choisie, tous ses momens étaient employés aux plus innocens plaisirs. Ce séjour enchanté rappelait le temps de nos bons aïeux, où les grands seigneurs vivaient dans leurs châteaux, qu'ils animaient par leur présence, répandant dans les provinces leurs richesses, que depuis ils sont venus consommer si inutilement dans la capitale, qui dévore tout et ne rend jamais rien à l'empire, dont elle amaigrit toutes les parties. Mais il avait été de la politique des rois d'attirer les grands auprès d'eux; c'était le moyen d'éclipser leur éclat par celui qui jaillissait de la couronne, de leur enlever l'amour de leurs vassaux, en les privant, par les dépenses énormes qu'ils faisaient à Paris, de la facilité de les soulager dans leurs besoins; enfin, de les tenir en quelque sorte dans leurs mains pour s'en servir à volonté. Cette politique avait été seule capable de renverser le pouvoir féodal; mais il reste

à savoir si elle n'a point accéléré la révolution. Quoi qu'il en soit, toutes les fois
que nos princes voulaient vivre dans leurs
terres, ils ne pouvaient nier que ce genre
de vie, qui leur convenait si bien, ne
leur offrît infiniment plus de douceurs
que le rôle de courtisan. Jamais les jours
de la princesse ne se passèrent d'une manière plus agréable que pendant le temps
que leurs altesses furent en Normandie.

La beauté de cette province, que son
excessive abondance mettait à couvert
d'être entièrement desséchée par les
lois fiscales, en rendait le séjour délicieux. La misère flétrit toutes les espè-
ces. En Normandie, les hommes, les
bestiaux sont superbes ; l'œil s'y pro-
mène avec plaisir sur ces verds pâtura-
ges couverts de vaches, qui n'offrent
point dans un corps étique un lait sans
substance. De jeunes poulains bondis-
sent à côté de leurs mères, et promet-
tent une race de chevaux qui le dispu-
tent, par la beauté de leurs formes, à
ceux si vantés de nos voisins. Tout est
vivant, tout est animé dans cette fertile
contrée, et l'hiver même s'y fait moins
sentir que dans les autres parties de la

France, parce que l'activité des manufactures y entretient l'abondance. Ainsi,
la tendre compassion de madame de Lamballe ne trouvait pas à s'exercer, mais son
cœur partageait la joie naïve des bons
paysans dans leurs jours de fêtes, que
leurs altesses honoraient souvent de
leur présence.

Il fallut cependant quitter ce tranquille asile pour revenir à la cour, où
les noces de M. le duc de Bourbon et
de Mademoiselle allaient se célébrer :
ils furent unis le 24 avril 1770, avec
le même cérémonial qui avait eu lieu
au mariage de M. le duc de Chartres.
Rien n'était aussi beau que le jeune
prince ; c'était vraiment Apollon. On
fit, à cette occasion, la pièce connue
sous le nom de l'*Amoureux de quinze
ans* : c'était l'histoire des amours de
M. de Bourbon. Il était idolâtre de sa
femme, quoiqu'elle eût vingt ans et
qu'il n'en eût que quatorze. Heureux
s'il avait conservé cette tendre affection
pour elle ! Mais il est bien difficile que
les flatteurs ne parviennent pas à éloigner les princes de leurs devoirs ; ils ont
trop d'intérêt de les en détourner pour
ne pas y réussir.

On ne parlait, à Paris et à Versailles, que de l'arrivée de madame la Dauphine ; l'ivresse était générale : on avait oublié les haines des deux maisons ; on croyait qu'un traité avait suffi pour les éteindre ; je suis même persuadée que M. le duc de Choiseul s'en flattait, et qu'il avait espéré, par ce mariage, détruire tout principe de guerre. En effet, il y eut une paix constante entre les deux cours ; mais qui oserait assurer que cette paix ne coûtât pas plus cher à la France que les guerres qu'elle avait toujours soutenues contre cette ambitieuse maison ? Le peuple, qui n'est jamais frappé que du présent, ne vit que cette paix si vantée. D'ailleurs les Français, toujours épris de la gloire, avaient une grande estime pour Marie-Thérèse, et on avait un plaisir extrême de penser que sa fille occuperait le trône. Tout était donc disposé en faveur de la jeune Dauphine, et elle parut si intéressante à son arrivée, qu'elle réalisa toutes les idées que l'on s'était formées de cette aimable princesse. Elle était d'une blancheur éblouissante, avait la figure ovale, les yeux bleus, doux et spirituels, le nez aquilin, la bouche petite, la lèvre à l'autrichienne (ce qui ne nuisait pas à l'agrément de sa physionomie), les plus beaux cheveux, une main charmante, la taille parfaitement proportionnée, mais qui n'était pas encore parvenue à sa hauteur : on n'a pas l'air plus ingénu et plus affable ; ses grâces étaient celles de la naïveté ; ceux qui se pressaient sur son passage recevaient d'elle mille témoignages de bonté ; enfin, elle semblait venir avec le dessein formé de gagner le cœur de tous les Français, et tous les cœurs des Français semblaient voler au-devant d'elle. Est-il possible que des commencemens si flatteurs aient fini d'une manière si terrible ?... N'était-ce plus la même princesse qui avait reçu des marques si sincères d'amour et d'admiration ? N'était-ce plus ce même peuple qui avait paru si jaloux de justifier, aux yeux de la fille de Marie-Thérèse, la réputation d'urbanité qu'il avait acquise dans toute l'Europe ? Comment ces cris d'admiration se sont-ils changés en hurlemens féroces ? Où sont les fleurs que l'on semait sur ses pas ? Un jour, un jour elle se rappellera au dernier degré de l'op-

probre où la cruauté de ses ennemis
l'aura plongée, ces transports de joie
qui signalèrent son entrée en France ; et,
gémissant sur l'inconstance du peuple,
toujours extrême dans ses marques d'attachement ou de haine, elle maudira
le jour où elle vint chercher en France
une couronne qui s'est brisée sur sa tête.
M. de Choiseul obtint du roi la permission d'être le premier des ministres à
lui présenter ses hommages. Il vint au-
devant de madame la Dauphine à Compiègne, et reçut d'elle l'accueil le plus
flatteur. Non-seulement elle le remercia
d'avoir contribué, par ses soins, à son
bonheur, mais elle ajouta qu'elle comptait sur leur continuation pour aider
de ses conseils sa jeunesse et son inex-
périence. Il n'est pas douteux que si
elle avait trouvé un guide, au lieu de
courtisans intéressés à la perdre, elle
eût été une femme parfaite ; mais quand
même la postérité lui trouverait des torts,
aucun n'a pu justifier les traitemens indignes dont on l'a accablée, et qui, au
moment où je retrace les premiers instans de sa gloire, viennent incessamment
se représenter à mon âme attendrie.

Ce fut à la Muette que se fit l'entrevue. Le roi fut enchanté de sa petite-bru, et l'accueil qu'elle reçut de lui l'empêcha de s'apercevoir du peu d'empressement que son mari lui montrait. Il n'est que trop certain que, malgré tous les charmes de la Dauphine, elle n'obtint pas d'abord de son époux le tribut d'hommages qu'elle avait droit d'en attendre ; on assure même que plusieurs années se passèrent sans qu'elle lui inspirât cet attachement si vrai et si tendre qu'il eut depuis pour elle, et qu'il lui conserva jusqu'au dernier moment de sa vie.

Rien ne fut aussi brillant que les fêtes du mariage. C'est à cette occasion que Louis XV fit construire cette magnifique salle de spectacle du château de Versailles, qui servit au bal paré. Peu de jours avant, le roi, la faisant voir à quelques gens de la cour et à l'abbé Terray, alors contrôleur-général : — Que pensez-vous, lui dit-il, de cette salle, M. l'abbé ? — *Sire*, répondit le ministre, *c'est impayable*. En effet, à cette époque on s'embarrassait peu de payer ou non ce qu'il plaisait au roi de faire exécuter.

La favorite parut à toutes les fêtes ; et la Dauphine, entendant sans cesse retentir le nom de madame Dubarry, demanda qui elle était : C'est, lui répondit un courtisan, assez embarrasé de la question, une dame qui amuse le roi. — En ce cas, reprit madame la Dauphine, je serai sa rivale. Réponse qui peint la candeur et l'ingénuité de son âme, et qui détruit les calomnies atroces que l'on se permit presque dès ce temps sur cette malheureuse princesse.

Madame de Lamballe se trouva à toutes les fêtes, et, dès cet instant, elle plut infiniment à madame la Dauphine, à qui la rigidité de sa dame d'honneur, qui voulait l'astreindre à l'étiquette de la vieille cour, paraissait fort ennuyeuse. Mais elle ne pouvait pas encore choisir les personnes qui lui auraient convenu ; il fallait garder madame de Noailles, et se venger seulement de l'ennui qu'elle lui causait en la nommant *madame l'étiquette*. Le roi riait des saillies de la Dauphine, et se plaisait infiniment avec elle, ce qui donnait beaucoup d'ombrage à madame Dubarry, et celle-ci tenait les propos les plus indécens sur cette princesse ;

mais tout lui était permis ,. et était sans conséquence dans la bouche de cette femme.

Paris s'empressa de marquer la joie que lui causait le mariage du Dauphin. Il y eut des fêtes superbes ; mais, comme si elles eussent dû être le présage des maux terribles qui devaient accabler ceux pour qui elles étaient données, elles furent terminées par l'accident affreux si connu, qui remplit de deuil plus de trois cents familles. On cacha le plus possible le nombre des morts, mais on sut qu'il fut considérable ; plusieurs périrent des suites de cette funeste catastrophe. La famille royale et les princes s'empressèrent de donner à ces infortunés tous les secours qu'ils avaient droit d'attendre de leur munificence. M. le duc de Penthièvre et madame de Lamballe ne furent pas les derniers à consoler, par leurs bienfaits, ces malheureuses victimes de la négligence de ceux qui étaient chargés de veiller à la sûreté du peuple.

Madame la Dauphine, aimée de son beau-père, à qui ses manières franches et gaies plaisaient chaque jour davantage , jouissait de la plus grande liberté, et, soutenue par l'autorité du roi, elle se moquait de celle de madame de Noailles, qui était bien étonnée, lorsqu'elle entrait chez la jeune princesse, de la trouver déjà sortie, suivie d'un simple écuyer, et quelquefois seule : elle arrivait au moment où on l'attendait le moins, chez ses tantes, chez ses frères, pour leur demander à dîner, les invitait à manger chez elle, et les charmait tous par ses saillies et sa vivacité.

Le duc de Choiseul, qui voyait l'empire que madame la Dauphine prenait sur le monarque, croyait son crédit plus assuré que jamais, et c'était précisément ce qui devait faire sa ruine. Les Dubarry sentirent que si le ministre restait en place, madame la Dauphine, dirigée par lui, parviendrait à s'emparer de toutes les grâces, et ferait, tôt ou tard, ouvrir les yeux à Louis XV sur les êtres qui l'environnaient : il fut donc décidé de le perdre. Il avait affaire à deux hommes qui, sans avoir peut-être autant d'esprit que lui, avaient celui de l'intrigue au dernier degré : c'étaient M. le duc d'Aiguillon et le chancelier Meaupou. Celui-ci avait eu non-seulement la bassesse de faire sa cour à madame Dubarry, mais de se trouver une alliance, vraie ou fausse, avec les Dubarry. Le voilà donc cousin de la favorite : quelle gloire ! La parenté permet l'intimité : il est de tous les secrets, et, d'accord avec l'infâme Dubarry, on convient de susciter au roi des embarras qui lui donneraient assez d'humeur contre son ministre, pour obtenir à la fin son renvoi.

Meaupou s'en chargea ; et, profitant de quelques mouvemens dans des parlemens de province, il rédigea un édit dont le préambule était injurieux à la magistrature. Le roi n'aperçut pas le piége, et envoya l'édit à enregistrer au parlement de Paris. Meaupou avait eu soin d'avoir des agens qui conseillèrent aux magistrats de refuser, et, plus encore, de suspendre leurs fonctions ; et comme, d'un autre côté, on portait sa majesté à insister pour le parti de l'obéissance, plus de quinze jours se passèrent sans que rien se terminât. Le roi menaça d'employer l'autorité : le parlement, qui comptait que tout se bornerait à quelques mois d'exil, tenait ferme. Vers ce temps-là, madame la duchesse de Grammont, ayant été aux eaux, passa dans plusieurs villes où il y avait des parlemens. On ne manqua pas d'en inférer qu'elle avait cabalé contre la cour; et lorsque le roi, fatigué de la résistance des magistrats, venait se plaindre à sa maîtresse des chagrins que ses traîtres amis lui avaient suscités, en paraissant ne vouloir que l'agrandissement de sa puissance, madame Dubarry, instruite par le chancelier et M. d'Aiguillon, répondait à son amant : Tant que M. de Choiseul sera ici, vous ne ferez rien ; ces gens-là comptent sur lui. A force de répéter la même chose, cette indigne maîtresse arrachait quelquefois à son amant, qu'elle enivrait des charmes de la volupté, la lettre d'exil de M. de Choiseul : mais le matin, quand le roi était de sang-froid, il la déchirait ; ce qui désespérait ceux qui avaient un si grand intérêt à son éloignement. Si madame la Dauphine eût été moins jeune, et que le caractère qu'elle montra dans la suite eût été développé, c'est alors qu'il eût été vraiment utile pour elle et pour la France : elle aurait fait sentir au roi le piége où ses vils courtisans cherchaient à l'entraîner pour consommer la ruine du ministre, qui, en le comparant avec tout ce qui lui a succédé, ne pouvait que laisser des regrets : mais elle n'était qu'un enfant, que ses ennemis amusaient de mille soins frivoles pour l'empêcher de leur nuire, et dont ils éloignaient son grand-père, précisément parce qu'ils avaient jugé qu'elle serait capable un jour de le gouverner. Ainsi, elle ne fit rien pour retenir M. de Choiseul sur le penchant de l'abîme où ses détracteurs l'avaient poussé. Cependant, ils furent encore obligés de chercher un autre moyen que les querelles des parlemens : ils persuadèrent au roi que ce ministre voulait susciter la guerre avec l'Angleterre pour devenir plus en plus utile. Il n'y avait rien que le monarque redoutât autant. Dire que Choiseul voulait la guerre, quoique rien ne pût le prouver, était l'imputation la plus grave auprès du monarque. Enfin, la perte du ministre fut jurée ; le roi lui fit redemander le porte-feuille, et l'exila à Chanteloup.

Jamais disgrace ne ressembla plus à

un triomphe que le départ du duc ; tout le monde se fit écrire chez lui ; ceux qui n'avaient pu le voir furent le lendemain l'attendre sur la route, et le chemin se trouva bordé d'une double haie de voitures. Le duc de Chartres, son ami particulier, avait forcé les barrières, et se jeta dans ses bras, fondant en larmes.

MM. de Maupou et d'Aiguillon, débarrassés de ce rival dangereux, laissèrent un moment reposer le parlement ; on crut même, pendant quelque temps, que tout allait s'arranger. Le prince de Condé avait obtenu qu'il reprît ses fonctions ; ils jugèrent un procès qui intéressait son altesse, à qui Maupou avait assuré que si le parlement cédait sur ce point, le roi retirerait son édit. Mais de nouvelles lettres de jussion les dissuadèrent ; et décidés, pour cette fois, à ne pas fléchir, ils laissèrent leurs ennemis libres d'exercer contr'eux les effets des haines. Le corps entier fut dissout, les charges confisquées et tous les membres envoyés en exil, non plus, comme autrefois, dans leurs terres ou réunis dans des villes agréables, mais

disséminés dans de pauvres hameaux ,
où ils manquaient de ressources. Tout,
dans cet arrêt, portait l'empreinte d'une
vengeance personnelle plutôt que d'une
punition royale. Le peuple, qui savait
que cet indigne traitement n'était pas le
prix du dévouement à ses intérêts, que
ce corps orgueilleux avait constamment
trahis, prit peu de part à sa disgrace,
et se contenta de rire aux dépens de
l'indigne assemblage que le chancelier
mit à leur place. Les princes du sang
se montrèrent seuls les défenseurs des
droits des pairs, en protestant hautement contre tout ce qui avait été fait
par un pouvoir arbitraire, et ils furent
tous exilés, à l'exception de M. le comte
de la Marche, qui, ainsi que nous l'a-
vons dit plus haut, trouva ce moyen de
plus de contrarier les vues de son père.

M. le duc de Penthièvre, comme
prince légitimé, qui ne siégeait pas au
parlement, où sa place eût rappelé l'o-
rigine de sa branche, ne prit aucun
parti dans cette querelle, qui ne finit
qu'après la mort de Louis XV. Les autres pairs refusèrent de siéger avec les
intrus ; mais ils ne mirent point dans

leurs protestations cet ensemble qui en aurait imposé. Depuis long-temps la haute-noblesse avait perdu de son énergie, et, tenant bien plus aux faveurs de la cour qu'aux vraies prérogatives de son rang, végétait au pied d'un trône dont la chute a entraîné sa ruine. M. le comte de Clermont, qui avait déployé le plus de courage dans cette occasion, mourut dans la disgrace du roi avec lequel il avait été élevé, et qui lui avait donné jusqu'alors des témoignages constans d'amitié ; ce qui rendit ses derniers momens douloureux, si toutefois le sentiment d'avoir rempli son devoir n'est pas fait pour consoler de l'injustice des hommes.

Madame de Lamballe n'avait point oublié les instructions particulières qu'elle avait reçues du roi de Sardaigne, et à son retour d'Aumale, où elle avait passé la belle saison avec son beau-père, elle se rapprocha de la cour. L'hiver offrit des plaisirs d'un genre nouveau. Madame la Dauphine, qui avait apporté d'Allemagne le goût des promenades en traîneaux, en fit plusieurs avec madame de Lamballe, dont le caractère lui plaisait de plus en plus. Cette dernière en profita pour lui parler d'une princesse de Savoie, comme d'une belle-sœur aimable. Elle vanta l'esprit de celle dont l'âge se rapprochait le plus de celui de M. le comte de Provence ; et madame la Dauphine, appuyant auprès du roi les négociations de l'ambassadeur de Sardaigne, le mariage fut décidé. On avait espéré que les princes seraient rentrés en grâce avant cette époque ; mais ils ne paraissaient pas encore vouloir fléchir : ainsi, il fallut se résoudre à se passer d'eux.

Le détachement de la maison du roi qui allait au-devant de la princesse, partit à la fin d'avril 1771. M. le duc de Duras avait été nommé ambassadeur extraordinaire pour le mariage. On arriva au pont de Beauvoisin. Ce bourg est partagé par un torrent sur lequel on a construit un pont ; un obélisque, qui était au milieu, séparait la France de la Savoie ; mais il n'y avait qu'une paroisse dans le bourg ; de sorte que les Savoyards qui habitaient la partie du côté des Alpes, disaient qu'ils étaient Français à la vie et à la mort : la partie de France était gardée par cinquante invalides. Au milieu de la place, il y a une belle fontaine, et on y avait construit la maison d'échange pour recevoir la princesse.

Madame de Provence arriva sur les quatre heures du soir. On lui présenta ses dames et ses premiers officiers ; elle soupa en public, et le lendemain on arriva à Lyon, où le prévôt - des-marchands, à la tête du consulat, vint à sa rencontre. Elle logea à l'Archevê-ché. Il y eut des joûtes sur la Saône, qui passait sous les fenêtres de la princesse ; on exécuta un concert dans un bateau orné de banderolles, rempli des meilleurs musiciens de la ville, et la fête fut terminée par un très-beau feu d'artifice sur l'eau.

Lyon jouissait, sous la monarchie, des droits de cité ; elle se gardait elle-même, et avait trente mille hommes de garde bourgeoise, dont trois compagnies avaient des uniformes de la plus grande magnificence : ce furent elles qui firent le service auprès de madame la comtesse de Provence. Le jour suivant, après la comédie, il y eut un bal à l'Hôtel-de-Ville. La princesse voulut voir les principales beautés de la ville, qui est fort ancienne; elle admira la place de Belcourt, qui a été détruite par le vandalisme, qui n'a respecté que le magnifique hôpital et la salle de la comédie, bâtis l'un et l'autre par Soufflot. On fit remarquer à la princesse l'église des Dominicains, qui est l'ancien temple de Minerve, célèbre par le prix de poésie, dont le vainqueur était couronné, tandis que les vaincus étaient obligés d'effacer avec leur langue leur foible production ; ou d'être précipités dans le Rhône. Heureusement cette coutume n'a pas subsisté ; car, si c'est un malheur d'être mauvais poëte, on pourrait dire avec Voltaire :

Mais, faut-il qu'on le noye.

La princesse ne put se défendre d'un mouvement de pitié, en jetant ses regards sur Pierre-Encise, citadelle qui a subi le sort de la Bastille. Heureux si, en voulant ouvrir ces prisons destinées à ceux qui s'opposaient au pouvoir, les mêmes mains qui les renversèrent n'en eussent pas élevé en plus grand nombre et mille fois plus horribles ! Les quais de Lyon le disputaient à la beauté de ceux de Paris ; mais ce qui ne pouvait être comparé à rien, c'étaient l'excessive population et l'activité de cette ville qui, pour l'Etat, était une source intarissable de richesses, par ses nombreuses manufactures d'étoffes de soie, de teinture, et du tirage de l'or. On fit voir à madame de Provence la manière de fabriquer le taffetas ; on avait dressé à cet effet des métiers dans une des salles de l'Hôtel-de-Ville.

On partit pour Rouane, où la princesse logea chez le receveur des impositions, qui avait la plus belle maison de la ville : Rouane n'a rien de remarquable que sa manufacture de boutons de métal, et la construction de grands bateaux qui parviennent dans la Seine par le canal de Briare. Il y eut des illuminations et des danses sur la place publique.

La princesse coucha à Moulins, où elle logea à l'intendance. On amena dans la cour une noce de village, dansant au son de la cornemuse. La franche gaîté des mariés et de leur famille animée par le vin et la dot, amusa la princesse, à qui on présenta les plus beaux ouvrages de coutellerie de cette ville, qui sont renommés par leur solidité et la bonté de leur trempe. Après le souper, on tira un feu d'artifice de la composition de Ruggieri, où il fit paraître, pour la première fois, deux hommes à cheval couverts de feu, qui exécutèrent un combat de lance en champ-clos. Les cendres du maréchal de Montmorenci reposent dans cette ville, et le magnifique mausolée que sa veuve lui a fait élever était un objet digne de la curiosité de la princesse, ainsi que le beau pont sur la Loire, qui est à l'entrée de Moulins, du côté de Lyon.

En sortant de cette ville pour se rendre à Nevers, le cortége rencontra auprès de Pouges, célèbre par ses eaux, la simple voiture de monsieur de Malesherbes, qui se rendait en exil dans les montagnes d'Auvergne ; et tandis que l'on préparait des fêtes pour les noces du petit-fils de Louis XV, ce vertueux magistrat s'éloignait de ses foyers par un ordre arbitraire. Qui aurait dit qu'un jour celui qu'on ne daignait pas apercevoir, prendrait la défense du successeur de ce même roi qui l'avait condamné à l'exil ? Ombre chérie de tous les cœurs sensibles, vous faisiez alors, j'en suis certain, des vœux pour le bonheur des enfans de celui qui vous persécutait, et vous les faisiez avec le même zèle qui vous fit élever votre respectable voix pour votre infortuné monarque !

Le séjour suivant était à Nevers, qui possédait alors un trésor précieux dans la personne de monsieur Tinseau, son évêque. Jamais la chaire épiscopale ne fut occupée par un homme qui donnât mieux l'idée de la simplicité et du zèle des Apôtres ; il regardait ses diocésains comme ses enfans, et ne s'en éloignait pas plus qu'une tendre mère de sa fille chérie. Depuis trente ans qu'il avait été nommé évêque, on ne l'avait pas vu à la cour ; et ayant été député de l'assemblée du clergé, Louis XV, qui connaissait ses vertus, voulut lui donner un témoignage éclatant de son estime en lui adressant ces paroles : — Votre diocèse est donc bien grand, monsieur de Nevers ? — Non, sire.— Je le croyais bien plus étendu que tous ceux de vos confrères, puisque vous n'avez jamais le temps de venir dans ce pays-ci. — Il reçut la princesse avec joie, parce qu'il profita de son séjour pour intéresser sa bienfaisance pour les pauvres habitans du Nivernois ; plus satisfait d'avoir obtenu des secours pour eux, que s'il avait reçu pour lui-même les faveurs les plus éclatantes. Il y eut un spectacle où la princesse assista.

Le jour suivant, on se rendit à Montargis, où on lui présenta un homme de cent ans, qui, jusqu'à l'âge de quatre-vingt-dix-huit, avait travaillé sur le canal. La princesse l'accueillit avec infiniment de bonté, et lui fit donner une somme considérable pour son état, qui fut augmentée par la générosité des personnes de sa suite ; ainsi, les derniers jours de ce bon vieillard s'écoulèrent dans l'aisance, comme toute sa vie s'était passée dans une utile activité. On engagea la princesse à voir la belle manufacture de papier, et elle s'y rendit en bateau par le canal, où on lui donna le plaisir de la pêche ; et, le lendemain, elle fut à Briare : on avait pratiqué sur le canal un jardin, dont l'eau repré-

sentait des allées, tandis que les mas-
sifs d'arbrisseaux et de fleurs étaient
dans des bateaux ras, qui le soir furent
illuminés. Rien n'offrait un coup-d'œil
plus enchanteur. Mais, malheur à celui
qui, séduit par l'apparence, aurait voulu
s'égarer dans ces bosquets; dès le premier pas, il eût été désabusé de cet
enchantement d'une manière funeste.
Cette allégorie, qui certainement ne
s'était pas présentée à l'idée du déco-
rateur, n'offrait-elle pas une image sensible des charmes d'une cour, où tous
les sentiers qui mènent à la fortune
paraissent si faciles, et où celui qui
veut les parcourir, périt quelquefois
au premier moment qu'il s'y engage !

Enfin, la princesse arriva le soir à
Fontainebleau, et soupa avec la famille royale. Monsieur le comte de Provence n'y assista pas; il ne s'y trouva
que le comte de la Marche de tous les
princes du sang. Madame Dubarry vint
audacieusement y prendre place ; mais
elle eut l'humiliation de voir rester
vides trois ou quatre couverts entre elle
et les dames de la cour qui y avaient
été admises. C'est ainsi que, malgré la

corruption générale et la basse flatterie des courtisans, il est un terme que l'impudence ne peut franchir, et où le vice reçoit son châtiment par un mouvement spontané dont il est impossible de se rendre compte.

Le roi vit avec plaisir la nièce de sa mère, et lui trouva de la ressemblance avec le portrait de la duchesse de Bourgogne, dont nous avons parlé. Mme. la comtesse de Provence avait les yeux aussi beaux : sourcils, parfaitement arqués d'un noir d'ébène, donnaient à sa physionomie beaucoup d'expression ; elle avait un maintien grave qui contrastait avec l'enjouement de madame la Dauphine : on eût dit que l'une était Française et l'autre Espagnole. Madame de Lamballe ne put revoir sans attendrissement une princesse de la maison de Savoie ; il lui semblait se retrouver un instant dans cette cour où elle avait laissé ses plus chères affections. Cependant, la différence des caractères des deux princesses ne mit pas entre elles l'intimité que l'on aurait pu attendre des liens du sang et de la patrie. Madame de Lamballe trouva toujours plus d'affection dans une

princesse qui lui était étrangère, que
dans madame de Provence, qui se livra
peu à tout ce qui était attaché à madame la Dauphine, soit par amitié ou
par leur charge auprès d'elle.

Elle avait sa cour absolument séparée ; et monsieur le comte de Provence,
dont le caractère avait assez de ressemblance avec celui de sa femme, passait
les soirées chez elle, où se réunissaient
des hommes instruits. Ce n'était pas
d'objets frivoles dont on s'occupait ; la
politique, les lettres étaient les sujets
de ces conversations, où monsieur et
madame de Provence montraient l'un
et l'autre autant d'esprit que d'instruction. Du reste, ils conservaient la vieille
étiquette de l'ancienne cour, et descen-
daient rarement à la familiarité, ex-
cepté dans leur intérieur, et plutôt avec
leurs valets subalternes qu'avec leurs
premiers officiers. Ils avaient l'un et
l'autre beaucoup d'ordre et d'économie
dans leurs dépenses ; et monsieur le
comte de Provence, qui vit, pendant plusieurs années, son frère sans enfans, paraissait vouloir inspirer la confiance dans
sa sagesse, au peuple qu'il croyait un

jour gouverner. Il étudiait le droit public; sa prodigieuse mémoire lui rendait très-faciles toutes sortes d'instructions.

Madame Dubarry fut traitée avec encore plus de dédain par monsieur le comte et madame la comtesse de Provence, qu'elle ne l'avait été par monsieur le Dauphin et madame la Dauphine. Mais, comme ils étaient moins près du trône, et que d'ailleurs la favorite n'avait pas à redouter l'ascendant de madame de Provence sur l'esprit du roi, comme elle craignait celui de madame la Dauphine, elle parut moins s'apercevoir de ses mépris : mais rien ne présentait malgré cela un spectacle plus triste, que la cour d'un roi qui avait été, pendant quarante ans, l'idole de ses sujets, subjugué par une courtisane qui éloignait de lui les femmes de ses petits-fils pour le faire vivre dans ses petits appartemens, où les orgies les plus scandaleuses paraissaient être les seuls moyens que cette femme sut employer pour retenir le roi dans le sentier du vice, qui commençait à lui devenir fastidieux.

Dès que le chef ne rassemble pas au-

tour de lui tous les membres d'une famille, il est rare qu'elle reste très-unie,
surtout lorsque des femmes étrangères
l'une à l'autre ont des intérêts différens;
aussi, monsieur le Dauphin, qui aimait tendrement ses frères, eut le chagrin de voir monsieur de Provence tenir
une cour séparée de lui, parce que sa
femme aimait peu madame la Dauphine.

Versailles ressemblait assez à l'O-
lympe. Bacchus et les plaisirs licencieux
habitaient l'appartement du roi; Vénus
et les Grâces celui de madame la Dauphine; Minerve et les sciences celui de
monsieur et de madame de Provence :
et en opposition à ces dieux du Paga-
nisme, la religion chrétienne et ses ministres jouissaient de tous leurs droits
chez les filles du monarque. C'est là
que se réfugiaient les beautés suran-
nées, les femmes dévotes qui voulaient
tenir au monde par les grandeurs, sans
perdre le ciel par les plaisirs défendus.
Des goûts si opposés ne pouvaient manquer de relâcher les liens du sang;
aussi ne se voyait-on plus qu'en cérémonie, et chacun des princes se trouvant trop près l'un de l'autre, acquit

par la suite des maisons de plaisance,
où il passait les trois quarts de l'année,
ne se réunissant plus à Versailles que
dans les cérémonies d'apparat et au
triste grand couvert.

Monsieur le comte d'Artois, qui ne
ressemblait en rien, pour les manières et
la façon de penser, à ses frères, s'attacha
de la plus sincère amitié à madame la
Dauphine ; leur aimable folie sympatisait à merveille : ils dédaignaient tous
les deux les entraves d'un triste cérémonial ; ils jouissaient des premières années de leur jeunesse, sans s'embar-
rasser des graves remontrances de l'âge
mûr. Ce prince était le seul des trois
frères qui ressemblât à Louis XV, et
il promettait, ainsi que lui, d'être très-
sensible aux charmes de la beauté ; celle
de mademoiselle de Condé avait fait impression sur lui. Monsieur de Maupou
se servit des bruits qui se répandaient
sur cette passion naissante, pour persuader à monsieur le prince de Condé
de se rapprocher de la cour. Tous les
officiers de sa maison l'en pressaient
aussi, parce que les princes ne recevaient rien des grâces du roi pendant

l'exil, et étaient obérés de dettes qu'ils ne pouvaient payer. L'ambition, le besoin d'argent et le désir qu'avait monsieur de Bourbon d'avoir le cordon bleu, dont sa disgrace l'avait empêché d'être décoré à l'âge où les princes du sang le portaient, déterminèrent le père et le fils à écrire une lettre de soumission dont la réponse fut leur rappel. MM. d'Orléans et de Chartres ne tardèrent pas à suivre leur exemple. Plusieurs membres du parlement faisaient liquider leurs charges et revenaient à Paris. M. de Maupou voyait avec une grande satisfaction que sa téméraire entreprise réussissait au-delà de ses espérances ; et il ne s'occupait plus que de faire retirer peu à peu de son parlement (car c'est ainsi que Louis XV même l'appelait) les très-mauvais sujets dont il avait été forcé de le composer. Aucun homme honnête ne voulait, au premier instant, accepter une place que le mépris public accompagnait. Le roi était enchanté d'être délivré des remontrances du parlement ; et les Dubarry, dont rien ne pouvait assouvir l'avidité, forçaient sans cesse l'abbé Terray, pour satisfaire à leur soif de l'or , de faire de nouveaux édits bursaux, que le parlement de Maupou enregistrait sans la moindre difficulté. Le peuple gémissait, les grands étaient humiliés et mécontens ; mais on n'entendait que des murmures sourds et éloignés , qui ne pouvaient retirer le roi de l'erreur où on l'avait plongé.

Cependant, un évènement assez extraordinaire étonna la cour. Madame Louise , la plus jeune des filles de Louis XV , se rendit un jour, avant que ses sœurs fussent éveillées, au couvent des Carmélites de Saint-Denis. La conversion du roi était , à ce que tout le monde a assuré depuis , le but de ce grand sacrifice : lui seul fut dans la confidence, et il en avait retardé l'instant le plus qu'il lui avait été possible ; mais enfin, vaincu par les pieuses importunités de sa fille, il lui accorda cette permission si long-temps demandée , et garda le secret. Le jour arrivé, la princesse partit de Versailles et se rendit au couvent ; il y avait plusieurs années qu'elle s'exerçait, en silence, à la vie si pénible qu'on y menait, et qui était si opposée à celle de la cour : son lit n'était qu'une natte de paille. Sous prétexte que sa santé exigeait le plus grand régime, elle passait des mois entiers à ne prendre que du lait et du pain. Ses prières étaient presque continuelles; et, cependant, ses sœurs ne se doutaient pas de son dessein. Aussi furent-elles frappées de la plus douloureuse surprise, et coururent-elles chez le roi pour savoir où elle était allée. Lorsqu'elles apprirent qu'elle s'était séparée d'elles sans retour, elles furent inconsolables, et partirent aussitôt pour Saint-Denis : mais inutilement elles employèrent les prières, les larmes; elles ne purent rien obtenir. Toute la cour alla voir l'auguste cénobite, et aucun regret n'ébranla sa résolution : elle pria même le roi, lorsqu'il viendrait chez elle, de ne point profiter du privilége qu'il avait de faire entrer sa suite, afin que rien ne troublât l'ordre de cette sainte maison. S'étant aperçue qu'on lui donnait une portion plus recherchée et du vin meilleur qu'aux autres religieuses, elle s'en plaignit à la supérieure. Le roi ordonna à son pourvoyeur d'envoyer tous les jours des torquettes de poissons, afin que le réfectoire fût servi également ; le marchand de vin du roi eut ordre de fournir aussi cette maison. Mais, malgré ses soins paternels, sœur Louise n'en couchait pas moins sur la cendre, portait un cilice, marchait pieds nus dans les saisons les plus rigoureuses, et était vêtue de l'étoffe la plus grossière ; mais elle supportait ces cruelles privations avec joie, parce qu'elle était persuadée qu'elle obtiendrait de Dieu la conversion de son père, qui était touché de ce grand dévouement dont il pénétrait bien la cause. Le chancelier, qui s'aperçut que la sainte carmélite pourrait avoir plus d'influence que si elle était restée à la cour, crut devoir la mettre dans ses intérêts. Il alla donc très-souvent à Saint-Denis, où l'on assure qu'il communiait tous les huit jours, ce qui ne l'empêchait pas d'être aux petits soins avec la favorite. Ainsi, malgré son hypocrisie, il ne trompait ni Dieu ni les hommes, et n'abusait, sur ses desseins, que madame Louise.

M. le duc de Penthièvre, et mesdames d'Orléans et de Lamballe ne furent pas les derniers à visiter celle qui donnait à la cour un si rare exemple de piété,

Elle les accueillit avec la plus tendre affection , leurs opinions religieuses ayant infiniment de rapport ; car, au milieu des grandeurs mondaines , le prince avait la régularité du cloître , et ses aimables filles en avaient la pureté.

Ce fut vers ce temps que M. de Penthièvre fit une action que l'on ne citerait pas , car elle ne devrait paraître que bien simple , si elle ne contrastait pas avec la conduite que tinrent , dans le même temps , quelques grands seigneurs, entr'autres M. de Richelieu.

L'abbé Quesnel, aumônier de M. le duc de Penthièvre , l'institua son légataire universel ; mais ce généreux prince ayant appris , par madame la princesse de Lamballe , que les parens du testateur n'étaient pas riches , il leur écrivit lui-même que sûrement l'abbé Quesnel s'était trompé , et avait mis , dans son testament, légataire au lieu d'exécuteur testamentaire ; et qu'il remplirait volontiers cette charge en leur faveur : ainsi la famille recueillit tout le bien de l'abbé. Sa succession était considérable, puisqu'il jouissait de 3o mille livres de rentes de bien patrimonial, sans compter le revenu d'une riche abbaye et de plusieurs bénéfices. J'ajouterai encore un trait plus beau, à mon gré. Le duc de Penthièvre avait ouvert, par permission du roi, un emprunt viager. Un particulier, âgé de quarante ans, plaça sur M. de Penthièvre une somme de 80 mille livres, et mourut trois mois après. M. Cornuau, en rendant compte à son altesse, mit l'extinction de la rente en diminution des charges. — Fort bien, dit le prince; mais avez-vous mis les 80 mille francs en dépense? — Non, monseigneur. — Auriez-vous pu imaginer que je croirais bien acquis ce fonds, pour en avoir payé la rente pendant trois mois? Il ordonna à son trésorier de rembourser aux héritiers du mort la somme que leur parent avait placée en viager.

L'été se passa sans qu'aucun évènement occupât l'avidité naturelle des Français pour tout ce qui est nouveau; et madame de Lamballe, dégoûtée plus que jamais d'une cour entièrement soumise aux caprices d'une courtisane, préférait le séjour des belles possessions du duc de Penthièvre, aux tracasseries de Versailles. Heureuse si elle avait toujours pensé de même, et si l'amitié qui l'unit à madame la Dauphine n'eût pas caché à ses yeux les piéges que ce séjour renfermait! En effet, il n'y avait rien de comparable à la vie que madame de Lamballe aurait menée avec le meilleur et le plus aimable des pères, qui n'était occupé que de ce qui pouvait lui plaire. Adoré dans ses domaines, on le regardait comme une image de la Divinité. Depuis la mort du comte d'Eu, les revenus de M. de Penthièvre étaient immenses. Il se trouvait seul possesseur de tout ce que la tendresse de Louis XIV, pour ses enfans naturels, lui avait fait accumuler sur leur tête, et, en outre, de la succession de l'ancienne maison d'Orléans, dont avait hérité mademoiselle de Montpensier, qui l'avait donnée à M. le duc du Maine. Cette fortune faisait de Mademoiselle un parti assez important, pour qu'elle eût été au moment d'épouser Louis XIV ; et si son génie remuant ne l'eût mise à la tête de la Fronde, elle était reine de France ; mais, par la bizarrerie de la fortune, cette princesse si belle, si spirituelle, si fière, si courageuse, subjuguée, à l'âge de quarante ans, par une passion insensée, se trouva fort heureuse d'abandonner aux fils de madame de Montespan et du roi, qui aurait dû être son époux, la nue-propriété de tous ses biens, pour obtenir la liberté d'un simple gentilhomme qu'elle voulait épouser secrètement, après avoir eu, pendant trois jours, l'aveu de sa majesté pour ce ridicule mariage ; encore ne fut-ce que par l'entremise de madame de Maintenon qu'elle reçut, comme une très-grande grâce, la permission d'enrichir l'élève chéri, de madame d'Aubigni, et, pour prix d'un si grand bienfait, elle vécut malheureuse avec M. de Lauzun, qui, n'ayant point trouvé, dans cette union secrète, à satisfaire son ambition, ne vit dans mademoiselle de Montpensier qu'une vieille femme, qui le fatiguait d'un amour qu'il ne pouvait partager. Triste effet des passions, qui doit être une leçon bien importante aux femmes qui oublient que la puissance, la richesse, ne sont rien pour plaire ; et qu'une femme belle, quelque sage qu'elle ait été, perd tout l'éclat d'une réputation sans tache, lorsqu'elle se livre à l'amour dans l'âge où elle n'a plus de droit qu'à l'estime. On me pardonnera cette digression : en jetant un regard sur la fortune de M. de Penthièvre, il m'était difficile de ne pas me rappeler l'origine de celle qu'il tenait de M. le comte d'Eu, fils du duc du Maine.

Il semblait que tous les mariages que Paris désirait pour les princes, ne devaient pas réussir. En vain on avait trouvé que M. le comte d'Artois et mademoiselle de Condé feraient le plus beau couple ; en vain l'amour paraissait avoir destiné pour compagne au petit-fils de Louis XV, la cousine d'Henri-le-Grand ; le peu de confiance que les ministres inspiraient au roi pour les princes de son sang, fit encore rechercher une princesse étrangère, et il y avait alors tant de négligence dans notre système politique, qu'on ne se donna pas la peine de trouver, par ce mariage, une nouvelle alliance pour la France, dont l'étoile pâlissait, et qui ne conservait plus que le vain titre de première puissance. Il parut plus commode de s'en tenir à la cour de Savoie, et l'on demanda la sœur cadette de madame la comtesse de Provence, jeune princesse, douce, timide, et dont la physionomie, qui n'était pas sans agrément, peignait une âme bonne et sensible.

Elle fut amenée en France avec le même ordre que l'on avait observé pour sa sœur. Elle ne savait pas parfaitement la langue française, ce qui lui rendit moins agréables les différens spectacles qu'on lui donna sur la route. Son entrevue avec son époux fit juger qu'elle jouirait de toutes les douceurs de l'hymen. Le comte d'Artois, plein de feu et de vivacité, lui fit l'accueil le plus empressé, et sut, par l'expression de sa tendresse, mériter toute celle de la princesse, dont le caractère doux et patient lui fit toujours supporter ses infidélités, parce qu'il avait l'art de l'en dédommager.

Madame d'Artois, à qui son attachement pour son mari rendait cher tout ce qui l'aimait, se lia plus étroitement avec madame la Dauphine qu'avec sa sœur, dont la gravité lui en imposait ; d'ailleurs, par goût peut-être, ou n'ayant pas par elle-même assez de consistance, elle ne chercha pas à séparer sa société de celle de la femme de l'héritier du

trône. Le second rôle convenait infiniment mieux à sa timidité. Tout le temps
qu'elle fut à la cour, elle ne se mêla de
rien ; et, malgré l'avantage que sa fé-
condité eût dû lui donner sur sa belle-
sœur et sur sa sœur, elle ne chercha
point à s'en prévaloir, et vécut en simple particulière, aimant son mari, qui
la négligeait quelquefois, et ses enfans,
à qui elle ne souhaitait pas le dangereux
honneur de régner ; aussi vit-elle la naissance de M. le Dauphin sans chagrin,
et même avec plaisir, parce qu'elle aimait sincèrement la reine. J'ai tracé,
dans cet instant, tout ce qui a trait
à cette bonne princesse , parce que je
n'aurai plus occasion d'en parler par
la suite. Ses opinions politiques , qui
ne furent jamais différentes de celles
de son époux, l'exercice constant des
vertus simples et modestes , qui sont
véritablement celles de son sexe, présentent à l'historien peu de traits à recueillir.

Elle goûtait extrêmement la société
de la princesse de Lamballe, qui passa
l'hiver à Paris ; et la réunion des plaisirs que cette saison offre en dédomma-
gement de ceux des beaux jours, rendit

la capitale très-brillante. Les princesses de la famille royale y venaient quelquefois. Mesdames d'Orléans, de Bourbon et de Lamballe, embellissaient les spectacles par leur présence et l'éclat qui les environnait. Ces plaisirs, bien faits pour leur âge, alarmaient la piété de M. le duc de Penthièvre, et, surtout pendant les trois derniers jours du carnaval, il passait en prières toutes les nuits où ses chères filles étaient au bal.

Madame la duchesse d'Orléans, qui avait perdu son premier enfant au moment où il venait de naître, avait eu le bonheur de donner le jour à un second fils, au mois d'octobre de cette année, ce qui avait été une grande joie dans les deux maisons. Enfant chéri, qui avez reçu du ciel les vertus de votre mère, que ne peut-elle, à l'instant de votre naissance, vous dérober à la maligne influence des évènemens qui vont bientôt accabler vos illustres parens ! Mais, au moins, si des malheurs cruels vous attendent, le plus grand des biens vous a été accordé par le ciel ; jamais on ne fut plus chéri que vous par les auteurs de ses jours. Quelle mère fut plus tendre que madame de Chartres ?

Et on ne peut certainement pas reprocher au duc de l'indifférence pour ses
enfans ; au contraire, il les aimait beaucoup, et on ne saurait jamais lui refuser la qualité de bon père. L'enfance
du jeune prince fut confiée à la vieille madame de Rochambaut, qui avait élevé le
duc de Chartres, femme très-estimable
et remplie de piété : elle ne conserva pas
long-temps cette place, où madame de
Genlis lui succéda. Il y aurait de grandes
réflexions à faire sur ces deux gouver-
nantes des enfans de la maison d'Orléans,
en opposant la conduite de leurs élèves,
qui semblait contraster avec leurs principes. Madame de Rochambaut, malgré sa vertu et sa haute dévotion, avait
remis au gouverneur de M. de Chartres
un jeune prince disposé déjà à céder à
toutes les impressions des sens ; tandis
que madame de Genlis conserva la pureté des mœurs de son élève jusqu'à
l'âge le plus orageux des passions, avec
un tel soin, que si on ne trouvait pas
la preuve, dans un journal écrit de la
main du prince, à quel point son âme
était pure, on ne pourrait l'imaginer.
Les vertus et les grandes qualités de ce
prince devraient faire taire les détrac-

teurs de son institutrice, quand d'aussi véritables talens littéraires que ceux de madame de Genlis, et ses malheurs actuels, n'auraient pas suffi pour leur imposer silence ; d'ailleurs, qui peut sonder les replis du cœur humain ? et ne doit-on pas respecter dans les femmes les dehors de la vertu, sans pénétrer si elle est réelle ou simulée, puisqu'au moins ils prouvent l'estime qu'elles ont pour elles ?

Tout était toujours dans la même situation à la cour, et le roi paraissait lassé de l'existence. L'éclat de son rang, les plaisirs de tous genres, dont ses vils flatteurs l'enivraient, la paix profonde, qu'il avait achetée à tout prix, l'abaissement de ces grands corps de magistrature, qui depuis trente ans tourmentaient le gouvernement, sans rétablir les droits du peuple, tout aurait dû le rendre heureux ; mais il est un fléau qui détruit toutes les jouissances : l'ennui, cet état si triste, que souvent celui qui l'éprouve lui préférerait la douleur, dont les pointes aiguës le tireraient du néant et lui feraient sentir qu'il existe encore, était devenu pour Louis XV une maladie habituelle. La mort subite de M. de Chauvelain lui avait fait une forte impression. Il était de l'âge du roi, et l'un de ses premiers officiers. Il fut frappé, sous les yeux de S. M., d'une apoplexie qui termina ses jours dans le cabinet de ce prince. Tout faisait craindre au duc de Richelieu et à ses adhérens, que le Galiléen ne triomphât, comme ils le disaient ironiquement ; mais, dans le vrai, les mouvemens de dévotion du roi les inquiétaient extrêmement, et ils cherchèrent à réveiller son goût pour la volupté. Le terme fatal était arrivé, et ce fut dans le sein des plaisirs qu'il reçut le principe de la maladie funeste qui termina sa vie.

Il était à Trianon quand les premiers symptômes de la petite-vérole se déclarèrent : madame Dubarry aurait bien voulu l'y retenir ; mais la Faculté décida qu'il n'y avait pas un moment à perdre pour le transférer à Versailles. Dès que l'on fut certain que la contagion était dangereuse, toute la famille royale, à l'exception de Mesdames, cessa d'entrer dans la chambre du roi. Ces vertueuses princesses, quoiqu'elles n'eussent pas eu cette terrible maladie, ne le quittèrent pas un moment, et eurent, pendant les premiers jours, la douleur de voir partager leurs soins par madame Dubarry, que le roi n'avait pas eu le courage de renvoyer, malgré les représentations de l'archevêque de Paris.

Cependant le danger allait toujours croissant : on avait refusé d'abandonner le roi aux lumières et à l'expérience du docteur Suton, d'une famille célèbre en Angleterre, par une méthode particulière d'inoculation, et par un spécifique contre la petite-vérole naturelle : mais il n'était pas de la Faculté ; et un roi qui avait bien pu changer les lois anciennes de son royaume, n'avait pas le droit de se servir d'un médecin étranger, avec la certitude que lui seul pouvait lui sauver la vie. Quand il fut sans espoir, on rappela M. Suton ; mais il dit, avec la franchise qui fait la base de son caractère : c'est trop tard.

Ce fut après cet arrêt que Louis XV, s'adressant à ceux qui l'entouraient : — Je n'ai point envie, leur dit-il, qu'on me fasse renouveler la scène de Metz ; qu'on dise à madame la duchesse d'Aiguillon qu'elle me fera plaisir d'emmener madame la comtesse Dubarry. Après cette douloureuse séparation, le roi ne

s'occupa plus que de son salut : il fut administré le lendemain. Le grand aumônier dit, à l'instant de la cérémonie, ces mots de la part du roi, déjà trop affaibli pour les prononcer lui-même :
— Quoique sa majesté ne doive compte de sa conduite qu'à Dieu seul ; elle est fâchée d'avoir causé du scandale à ses sujets, et déclare qu'elle ne veut vivre désormais que pour la religion et le bonheur de ses peuples : résolution trop tardive pour le monde, mais qui pût lui obtenir grâce devant Dieu, car, voyant les plus secrètes pensées de nos cœurs, il savait si elle était sincère. Rien ne fut comparable aux soins que madame Adélaïde et ses sœurs rendirent à ce malheureux prince, qui, sans elles, eût été abandonné de toute sa famille, et n'eût vu autour de lui que ceux qui ne pouvaient se dispenser d'y être, tant le spectacle de sa situation était effrayant. Il était presqu'impossible de résister à l'air méphytique qui s'exhalait de toutes les parties de son corps ; et plusieurs personnes furent attaquées et moururent de la même maladie, pour avoir seulement rencontré dans la galerie les matelas qu'on changeait de son lit. Tous

ceux que leur service avait contraints de rester auprès du roi, et qui n'avaient pas eu la petite-vérole, en furent attaqués. Il semblait que la contagion de cette maladie pestilentielle suppléait à la loi des anciens rois des Perses, qui voulait que les esclaves accompagnassent leur maître dans la nuit du tombeau.

Louis XV ne vécut que trois jours après sa réconciliation avec Dieu, et mourut le 10 mai 1774, à trois heures vingt minutes du soir. Personne ne le regretta comme roi, non qu'il n'en eût eu les qualités, si on ne l'avait pas écarté des soins de la royauté ; mais beaucoup le pleurèrent comme maître et comme ami.

Mesdames furent inconsolables, et c'était non le rang de filles de roi qu'elles regrettaient, mais le père le plus tendre, et qui s'était sans cesse occupé de leur bonheur. Bientôt, attaquées elles-mêmes du poison dont elles n'avaient pas craint la furie, elles tombèrent malades successivement toutes trois : le ciel, qui voulait récompenser leur piété filiale, les rendit à la vie ; et les traces qui restèrent sur leur visage de cette maladie, étaient d'honorables preuves d'un dévouement aux devoirs de la nature, dont peu de femmes auraient été capables dans une pareille circonstance.

Cependant toute la cour s'empressait autour du jeune monarque; et les cabales, changeant d'objet, cherchèrent, comme elles font toujours, à se renverser l'une l'autre. Louis XVI regrettait sincèrement son aïeul, et ne voyait qu'avec effroi la tâche immense qu'il lui laissait. Cependant, il faut convenir qu'il la crut moins pénible encore qu'elle ne l'était, parce qu'il avait meilleure opinion des hommes qu'ils ne le méritent. Il crut qu'en s'entourant d'honnêtes gens, et écartant de la cour tous ceux qui avaient abusé de la confiance de Louis XV, il parviendrait au but qu'il se proposa dans tous les instans de sa vie, le bonheur du peuple. Ouvrant la cassette qui renfermait les instructions que son père lui avait laissées, il y trouva désignés ceux qu'il nomma au ministère, sans réfléchir que dix ans, dans un état vieilli, changent tellement la face des choses, que tel homme qui convenait alors, ne convient plus dix ans plus tard; que les honnêtes gens, qui sont excellens pour entretenir de sages institutions, ne suffisent point pour réparer ; qu'ennemis des intrigues, ils se laissent subjuguer ou ils se retirent, ce qui arriva à tous les ministres que cet infortuné monarque avait nommés de son propre mouvement ; et il se vit en proie à des intrigans bien plus dangereux que ceux dont il avait voulu se délivrer au commencement de son règne, parce qu'ils avaient beaucoup moins de génie : il semblait que chaque pas qu'il faisait devait le conduire à sa ruine. Le rappel des parlemens, qui fut le premier acte de sa puissance, et qu'on doit regarder comme une preuve du désir constant qu'il a toujours eu de bannir les formes arbitraires, fut la principale cause de ses malheurs.

Personne n'ignore que ce fut par le refus de l'enregistrement de l'édit du timbre, qu'ils forcèrent le roi à consentir à la tenue des états-généraux. Combien son amitié et sa confiance en M. Necker ne lui fut-elle pas pernicieuse ! Cet homme, qui, sous un extérieur lourd, avait la finesse du courtisan le plus rusé, étudiait avec le plus grand soin le caractère de son maître, et cherchait à y surprendre une passion pour en tirer avan-

tage ; il ne lui trouva que celle du bonheur du peuple, et un désir ardent d'être
le plus juste des rois, et il sut tourner
contre lui ces passions d'une belle âme.
Ah ! pourquoi Louis ne rencontra-t-il
pas un Sully, qui dirigeât vers la gloire
de l'empire ses précieuses qualités ! Mais
sa perte était jurée, et rien n'en pouvait
retarder l'instant.

M. le duc de Penthièvre, qui aimait
Louis XV et plaignait ses erreurs, fut
sensiblement affligé de sa mort. Madame de Lamballe regretta encore moins
un rang qu'elle aurait occupé si peu
d'années. Les témoignages d'amitié que
lui donna la nouvelle reine, l'attachè-
rent de plus en plus à cette princesse.
Sa faveur n'était plus douteuse, et, si
elle eût été capable d'intrigues, elle
aurait eu le plus grand crédit, d'autant que celui de la reine sur son mari
allait toujours croissant. Mais madame
de Lamballe méprisait l'esprit de ca-
bale, et son caractère doux et affable
lui faisait désirer de ne se mêler que de
rendre quelques services à des infortunés qui s'adressaient à elle avec la plus
grande confiance, et dont elle ne trompait pas les vœux. Quand la reine la

voyait venir chez elle avant l'heure du jeu, elle était si accoutumée à ses demandes pour les malheureux, qu'elle lui disait presque toujours en riant : Eh bien ! aujourd'hui, est-ce à une veuve désolée, à un vieillard infirme, ou à quelques jeunes filles pauvres, que je dois le plaisir de vous voir d'aussi bonne heure ? Ils font bien de s'adresser à vous, car ils savent que je ne puis vous refuser. Et madame de Lamballe était plus contente quand elle avait fait accorder une pension sur la cassette, ou un emploi peu lucratif, mais qui sauvait un père de famille du désespoir, ou une dot pour une infortunée que la misère ou le célibat pouvait perdre, que si elle eût fait donner un régiment ou disposé d'une grande charge. Quelquefois la reine opposait des difficultés à ce qu'elle demandait, afin de lui voir développer cette éloquence persuasive qui la rendait si intéressante : mais, surtout, sa majesté employait ce moyen pour retenir la princesse quelques jours de plus à Versailles, parce qu'elle savait bien que sûrement elle ne la quitterait pas qu'elle n'eût obtenu ce qu'elle demandait.

Malgré les plaisirs et la faveur dont jouissait madame de Lamballe, elle ne perdait point le souvenir de sa famille; et si elle n'avait pas craint d'affliger M. le duc de Penthièvre, elle aurait été revoir un père et une mère qui lui étaient bien chers. Mais M. le prince de Carignan, qui aimait très-tendrement son aimable fille, ne pouvant soutenir une si longue absence, résolut de jouir encore du bonheur de la serrer dans ses bras. Il arriva donc à Paris, avec ses fils, au mois de mai 1775, sous le nom de marquis de Maurienne, le prince Victor sous celui de comte de Saluce, et le prince Eugène sous celui de comte de Ville-franche. Avec quelle joie ils se retrouvè-rent avec la princesse! L'éclat dont elle était environnée ajoutait à ses charmes, sans rien lui faire perdre de cette douce aménité qui l'avait toujours distinguée. Elle ne savait comment exprimer à son père sa reconnaissance d'avoir fait pour elle un si long voyage. Les instans qu'il passa en France lui parurent d'autant plus courts, que les princes de Carignan étaient obligés de remplir des devoirs indispensables auprès de la cour de France, où Madame et madame la comtesse d'Artois les accueillirent comme les premiers princes de leur sang. Ils furent présentés au roi, le 4 juin 1775, par M. le comte de Viry, ambassadeur extraordinaire de Sardaigne. Ils revinrent à Paris, où le duc de Penthièvre s'empressa de leur procurer tous les agrémens qui dépendaient de lui. Il les conduisit lui-même dans les endroits les plus remarquables de la capitale et des environs. Ces princes se plurent infiniment à Sceaux, dont ils firent deux fois le tour du parc. Cette maison délicieuse a été vendue depuis à ces êtres qui, ne calculant qu'un lucre sordide, ne trouvèrent dans ce séjour enchanté que des bois à abattre, des plombs à vendre, et détruisirent, en peu d'instans, ce qui avait coûté un siècle à embellir, pour en retirer un amas d'assignats qu'ils dissipèrent en quelques mois, en étalant un luxe sans goût et sans délicatesse. Heureux que leur rapacité ne se soit pas étendue sur Versailles et Saint-Cloud, et qu'au moins ces retraites

> Où triomphent les arts,
> Où se plaît la nature,

nous restent comme témoins de l'ancienne magnificence du siècle de Louis XIV.!

Toute celle qui accompagna la cérémonie du sacre de Louis XVI, semblait être, pour la monarchie, le chant du cygne. Le roi, parvenu au trône depuis un an, n'avait pas encore été sacré. Cette imposante cérémonie fut fixée au 11 juin. MM. de Carignan se séparèrent de madame de Lamballe, avec la plus grande sensibilité, pour se rendre à Rheims, où tous les princes du sang et les grands du royaume se trouvèrent. M. le duc de Penthièvre et sa bru restèrent à Paris, pour la raison que j'ai dite plus haut. Rien n'égalait la somptuosité que l'on mit à cette fête, où toute la France se rendit. Elle avait un caractère différent de toutes les autres, en ce qu'elle ne consistait qu'en une cérémonie religieuse. Il s'éleva une grande difficulté entre le coadjuteur de Rheims et l'évêque de Soissons, premier suffragant; tous deux prétendaient à l'honneur de sacrer le roi, si M. de la Roche-Aimont, à cause de son grand âge, ne pouvait terminer la cérémonie. Ce fut M. de Périgord qui l'emporta ; mais le vieux cardinal ne lui laissa pas la gloire à laquelle il mettait, à cette époque, tant de prix, et soutint la cérémonie, malgré son excessive longueur, bien mieux que l'on ne l'avait espéré. C'était au moment du sacre que le roi prononçait le serment de soutenir les priviléges de la noblesse et du clergé ; de ne jamais mettre d'impôt sur les blés, et de ne point accorder de grâce aux duélistes. On sait qu'il tint les deux dernières parties de ce serment avec la plus religieuse exactitude. Peut-être est-il douloureux de penser qu'il se crut forcé de manquer aux premières ; mais ce que je ne puis m'empêcher de remarquer, c'est que ce furent ceux envers lesquels il garda fidèlement ses engagemens, qui le précipitèrent du trône. Rien n'était si pompeux que la cavalcade, par la beauté des chevaux, qui, pour la plupart, avaient des harnois enrichis d'or et de pierreries. M. le duc de Chartres se faisait remarquer par la perfection de celui qu'il montait, et la magnificence de toute sa suite. Qui aurait dit que celui qui voulait se distinguer par un si grand luxe entre les pairs, afficherait, peu d'années après, des manières si différentes ? La marche passa sous une fenêtre où était madame la comtesse de Brionne, veuve du grand-écuyer, charge dont elle avait rempli les fonctions pendant la minorité de son fils. Cette dame avait, par ses vertus, sa beauté, et les qualités précieuses de son âme, acquis une grande considération à la cour; aussi le roi s'arrêta près d'un quart d'heure à causer avec elle, son chapeau à la main. M. le duc de Choiseul, qui avait été rappelé de l'exil, mais qui n'avait pas encore paru à la cour, crut qu'en venant dans la même maison où madame de Brionne, qui était sa parente, se trouvait, pour voir le cortége, ce serait un moyen pour se faire apercevoir, et d'essayer ce que le roi penserait de lui par l'accueil qu'il en recevrait. Quelqu'un très-digne de foi, qui était près de l'ancien ministre, remarqua qu'il s'avançait pour être vu de sa majesté, qui, le regardant avec la plus grande indifférence, lui dit pour toute chose : M. de Choiseul, vous avez perdu vos cheveux. C'est ainsi que cet homme, qui, par sa grande naissance et sa haute faveur, marchait presqu'à l'égal de son maître, après avoir encouru sa disgrace, vit inutilement passer le sceptre en d'autres mains. Les jours de sa gloire étaient éclipsés, et il ne lui restait plus que le souvenir de sa puissance. Il ne répéta point cet essai, et, renonçant à une cour où il n'espérait point retrouver son ancien éclat, il vécut, à Paris et à Chanteloup, en simple particulier, entouré des amis qu'il s'était faits pendant son ministère, et mourut, peu d'années après, avec beaucoup de philosophie, et comme présageant les maux qui devaient accabler tous ceux dont les noms avaient été célèbres par leur rang ou leurs places.

La cour étant de retour à Versailles, le roi s'occupa de marier sa sœur, madame Clotilde, qu'il aimait tendrement, et qui méritait tout son attachement. Elle avait été élevée, comme nous l'avons dit, par madame la comtesse de Marsan, qui avait su développer les qualités éminentes de son élève; il n'y avait qu'une opinion sur le compte de la princesse, que tout le monde regardait comme approchant, autant qu'il était possible, de la perfection. Si son frère eût suivi les inclinations de sa sœur, elle ne l'aurait pas quitté, et aurait donné, comme l'infortunée Elisabeth , l'exemple d'un attachément inaltérable au meilleur des frères. Mais le ciel, qui voulait conserver les précieux jours de madame Clotilde, la fit consentir à s'éloigner de la France ; et ce fut encore en Savoie qu'on lui chercha un époux, fortune infiniment modeste pour une fille de France, et pour la plus intéressante personne qu'on pût connaître, mais qui lui convenait mieux qu'un autre, parce que les rapports étant devenus très-intimes par le triple mariage, c'était en quelque sorte se retrouver dans sa famille , en épousant le frère de ses belles-sœurs. D'ailleurs, la régularité de cette cour sympatisait avec les mœurs pures de madame Clotilde , qui est un ange sur terre.

Le roi n'épargua rien pour rendre brillantes les fêtes du mariage de la princesse , qui fut célébré par procureur , le 21 août 1775, dans la chapelle de Versailles. M. le comte d'Artois représentait Charles Emmanuel de Savoie. Madame de Lamballe assista au festin royal, et au bal, paré, dans la belle salle de spectacle. Le roi et la reine dansèrent le premier menuet ; M. le comte d'Artois et madame

la princesse de Piémont, le second.
Le 23, toute la famille royale se rendit
à Paris au bal masqué que M. le comte
de Viry, ambassadeur de Sardaigne,
donnait dans un cirque qu'il avait fait
construire exprès sur le boulevard du
Mont-Parnasse. Il y avait six mille personnes invitées. Ce bal fut précédé d'un
concert et d'un feu d'artifice : la fête ne
finit qu'à neuf heures du matin. Le 26,
les comédiens français donnèrent sur le
théâtre du château de Versailles, la tragédie du Connétable de Bourbon : madame la princesse de Lamballe y assista
dans la loge de la reine, qui lui adressa
presque toujours la parole.

Ces fêtes, ces plaisirs ne pouvaient
suspendre la douleur que madame Clotilde éprouvait en pensant à l'instant
qui allait la séparer de ses frères, de sa
chère Elisabeth, et des dames qu'elle
laissait à la cour de France. Madame de
Lamballe, à qui elle parlait souvent de
la cour de Sardaigne, avait beau l'assurer qu'elle y serait parfaitement heureuse, elle ne pouvait la distraire de
ses tristes pensées. — Ah ! que ne pou-
vons-nous changer ! lui disait-elle quelquefois avec un souris mêlé de larmes ;

vous seriez heureuse au sein de votre famille, et moi je ne quitterais pas la mienne ; mais la politique en ordonne autrement : il faut sacrifier nos plus chères affections à je ne sais quel intérêt des peuples qui nous en tiennent peu de compte. Vous avez éprouvé cette douleur, ma chère Lamballe, quand vous avez quitté vos parens pour venir en France ; et on n'ignorait pas les chagrins qui vous y attendaient. — Vous n'en avez pas à craindre de semblables, madame ; le prince Emmanuel est de la plus grande piété, et ses mœurs sont irréprochables. — Mais il n'est pas Français ; par conséquent, mon amie, il ne peut être aussi aimable que nos jeunes princes. — Je sais que le préjugé est en faveur de votre nation, et ce fut ce qui me fit quitter mon pays avec moins de regret ; mais les qualités agréables ne sont pas les seules nécessaires dans un mari : l'hymen est une société pour toute la vie, l'estime est ce qui la rend heureuse ; et je vous assure que vous ne pourrez refuser la vôtre au prince de Piémont. — Le bonheur dont je jouirai avec lui ne me fera pas oublier mes frères, ma sœur, vous, madame, et plusieurs autres personnes qui me sont très-chères. — Vous les verrez, madame : le trajet d'ici à Turin est si court ! — Je ne verrai jamais mon frère ; un roi de France ne voyage point. — Vous pourrez venir à Versailles. — Je ne m'en flatte pas ; enfin, il le faut, et je dois me soumettre à ma destinée. — C'est ainsi que cette bonne et sensible princesse aimait à épancher son cœur dans celui de madame de Lamballe, qui faisait tous ses efforts pour lui faire envisager son mariage comme infiniment avantageux. Hélas ! en comparant son sort à celui de sa triste famille, elle a dû bien des fois bénir la providence de l'avoir éloignée de ces scènes d'horreur ! Mais comme s'il avait été réglé dans ses décrets que tous les individus de la famille royale dussent éprouver de grands revers, que n'a point souffert cette princesse, des troubles, suite de la guerre qui ravagea ses Etats ! et la petite-fille de Louis XV, fuyant, au milieu de la nuit, devant les armées françaises, n'était-elle pas presqu'aussi malheureuse que ceux de ses proches qui virent terminer leurs jours par la hache des bourreaux, puisqu'elle joignait aux sentimens de sa propre infortune, les images déchirantes de leur horrible sort ?

Madame de Lamballe se rendit, le 27, dans l'appartement du roi, au moment où madame Clotilde se sépara de lui. Cette princesse tint son frère long-temps pressé contre son cœur, leurs larmes se confondaient ; et il semblait, dans cet instant, que l'affreux avenir qui attendait cet infortuné monarque se présentait à leurs cœurs déchirés.

La reine, qui aimait beaucoup les sœurs de son époux, partagea aussi ses regrets. Monsieur et Madame l'assurèrent qu'ils ne tarderaient pas à la joindre à Chambéry. Au moment où elle monta en voiture avec madame de Marsan, les cours du château, les avenues étaient remplies d'une foule immense qui s'y était rendue de plusieurs lieues pour la voir encore une fois. — Adieu, mes enfans, disait-elle au peuple qui se précipitait autour de son carrosse ; je vous quitte à regret et pars pour ne plus vous revoir ; et ses yeux étaient mouillés de larmes, qui en faisaient verser à tous ceux qui étaient là. Jusqu'à la Croix-de-Bernis, il y avait une file de voitures qui suivaient la sienne ; on était pénétré de regret de perdre une aussi aimable princesse : mais surtout ceux qui subsistaient de ses bienfaits, ne pouvaient s'en consoler.

Madame de Marsan l'accompagna jusqu'à Chambéry, et toute la route fut marquée par ses actes de bienfaisance : il semblait qu'en quittant pour jamais sa patrie, elle voulait y laisser des témoignages de son attachement. Arrivée au pont de Beauvoisin, où le prince de Piémont vint avec l'uniforme des gardes sardes, accompagné de l'état-major de ce corps, lorsqu'il fallut passer de l'autre côté du ruban qu'on avait tendu dans la maison d'échange, elle fut obligée de se couvrir les yeux avec son mouchoir pour cacher les pleurs qu'elle ne pouvait plus retenir. Lorsqu'elle fut à Chambéry, elle reçut mille marques d'amitié du roi et de la reine, des princes et de la princesse de Sardaigne. Monsieur et Madame arrivèrent le lendemain, et dînèrent avec la famille royale, qui n'avait qu'une table ; et la bonhommie avec laquelle on vivait dans cette vertueuse cour, parut à madame de Piémont préférable au faste de celle de France. Aussi, elle s'accoutuma promptement aux usages de cette nouvelle patrie; et comme partout elle portait cette affabilité qui la caractérisait, elle fut adorée en Savoie comme elle l'avait été en France.

La reine, qui aimait chaque jour davantage madame la princesse de Lamballe, et à qui madame la maréchale de Noailles déplaisait de plus en plus, cherchait un moyen, n'ayant pu réussir à lui faire donner sa démission, de rendre sa charge presque nulle auprès d'elle. Des amis de madame de Lamballe en imaginèrent un; ce fut de recréer, en sa faveur, la charge de surintendante de la maison de la reine. On en parla au roi, qui ne s'y refusa pas; mais, lorsqu'il fut question d'y ajouter 400,000 francs de traitement, on assure que M. Turgot, qui n'était occupé que d'économie, trouva que rien n'était plus inutile que cette dépense, et qu'il s'y opposa. La reine, étonnée d'éprouver cette contrariété, s'en plaignit, et fit renvoyer ce ministre, à qui on ne pouvait reprocher que de donner un peu trop dans les nouveaux systèmes; mais c'était un parfait honnête homme.

Sa retraite fut d'autant plus malheureuse, qu'elle livra le roi à M. Necker, qui l'éblouit par ses principes
populaires. Plus adroit que son prédécesseur, il ne chercha point à s'opposer
aux volontés de la reine, dont il sentait que le crédit était encore plus fort
que le sien. Madame la princesse de
Lamballe fut donc nommée surintendante, et, en cette qualité, ne quitta
plus la reine.

Cependant, à fort peu de temps de
là, elle fit un voyage en Bretagne, avec
M. le duc de Penthièvre. Cette province,
qui supportait difficilement le joug, et
qui, par les priviléges qu'elle avait acquis lors de sa réunion à la couronne,
par le mariage d'Anne de Bretagne avec
Charles VIII, avait des idées de liberté
qui s'étaient entièrement effacées dans
tout le reste de l'empire. La Bretagne
avait ses Etats, s'imposait elle-même,
et remettait, à titre de dons, les impôts
qu'on levait dans les autres parties de
la France. Toutes les fois que les hommes
s'assemblent, ils s'électrisent; et de la
discussion de leurs droits, ils passent
au désir de les étendre, ou au moins
ils forment la résolution de ne pas les

laisser perdre. Cette disposition entretenait parmi les Bretons une agitation
continuelle, qui, jointe à la fermeté de
leur caractère, les rendait extrêmement
difficiles à conduire. M. le duc d'Aiguillon, qui était commandant de cette
province, voulut opposer à leur opi-
niâtreté le despotisme, et faillit faire
perdre au roi cette riche portion de ses
états. Sans la haine que les Bretons ont
pour l'Angleterre, ils eussent peut-être
appelé ces insulaires pour les venger
des vexations de la cour ; mais s'ils ne
portèrent pas jusqu'à ce point l'esprit
de révolte, il n'y en avait pas moins une
fermentation, qui faisait tout craindre
pour la guerre civile. Louis XVI, qui
connaissait l'esprit de conciliation de
M. le duc de Penthièvre, alors gouverneur de la Bretagne, très-aimé dans cette
province, où il faisait infiniment de bien,
se servant de son crédit pour faire obtenir aux Bretons tout ce qu'ils deman-
daient, lorsque l'équité le permettait,
résolut que ce serait ce prince qui tien-
drait les Etats de 1775. M. le duc de
Penthièvre, en acceptant cet honneur,
dit au roi : — Sire, j'espère n'être chargé
que de distribuer les grâces de votre

majesté; mais comme il s'agit d'adoucir des plaies encore récentes, je crois nécessaire que ma fille de Lamballe m'accompagne. Tandis que je parlerai principes avec les Bretons, elle se conciliera l'amitié de leurs compagnes, qui ont, comme on le sait, dans cette province, une grande influence sur leurs maris. Le roi approuva cette idée, et obtint, non sans peine, de la reine qu'elle se séparerait, pendant quelques mois, de son amie.

M. le duc de Penthièvre arriva à Rennes le 17 décembre, à huit heures du soir. Il avait désiré qu'on ne lui rendît aucun honneur; de sorte que la noblesse n'alla pas au-devant de lui comme elle l'avait projeté. Les rues furent seulement illuminées. On donna la même preuve de joie le 18, jour où madame de Lamballe vint rejoindre son beau-père. Le 20, l'ouverture des États se fit avec les cérémonies accoutumées. Il était aisé de juger sur les physionomies des Bretons, qui ont toujours l'expression de ce qu'ils pensent, combien ils étaient satisfaits de voir M. le duc de Penthièvre à leur tête; mais surtout ils étaient enchantés de madame de Lamballe : il est vrai que l'on ne peut être plus aimable qu'elle le fut à Rennes.

Cette princesse, dont l'élégance était remarquable, parce qu'elle tenait bien plus à sa personne qu'à sa parure ; qui vivait habituellement en société avec les personnes de la cour les plus distinguées par l'agrément de leur esprit, se prêtait, avec une bonté et une complaisance infinies, aux manières tant soit peu acerbes des Bretons, et paraissait aussi amusée de leurs dits-et faits de chasses et de l'énumération des priviléges des pays d'Etats, qu'elle l'était au milieu des fêtes de Versailles. Loin d'affecter la morgue que les femmes de commandans pour le roi avaient toujours mise pendant leur mission ; elle était de la plus grande simplicité. On la voyait souvent à pied dans les rues de Rennes, se rendre avec son beau-père aux différentes églises où ils édifiaient le peuple par leur piété. Mais si M. de Penthièvre voulait paraître sans éclat dans les actions indifférentes de la vie, il n'en avait pas moins une magnificence digne du petit-fils de Louis XIV, dans la somptuosité de sa table et de celles dont ses premiers officiers faisaient les hon-

neurs. Plus de cent couverts étaient destinés à tous les ordres des Etats ; et de
leur desserte, plus de quatre cents personnes furent nourries tous les jours
pendant trois mois qu'il fut en Bretagne. J'ai entendu dire à quelqu'un
qui a eu l'honneur d'accompagner le
prince, qu'à l'heure des repas, il n'y
avait pas une seule pièce de son hôtel où
l'on ne trouvât des Bretons mangeant et
buvant à la santé de son altesse. Aussi,
tout allait le mieux du monde, et on
ne se souvenait point de tenue d'Etats
plus tranquille. M. le duc de Penthièvre
respectait les priviléges des Bretons, et
ceux-ci se prêtaient de bonne grâce aux
besoins du roi.

Le séjour de leurs altesses à Rennes
fit le bonheur de plusieurs familles dont
madame de Lamballe devinait en quelque sorte les désirs ; car la noblesse
Basse-Bretonne étant aussi fière que
pauvre, comme elle avait le droit, sans
déroger, d'exercer toute espèce de pro-
fession, laissant dormir la noblesse
pendant qu'elle les remplissait, elle
aimait mieux travailler que solliciter des
grâces : aussi il se trouvait, parmi les
porteurs de chaises, seules voitures usi-
tées dans ce temps-là à Rennes, des

hommes des plus beaux noms, que madame de Lamballe força de lui confier
leurs enfans, pour les faire élever à
Saint-Cyr et à l'Ecole Militaire. Parmi
les marmittons que les officiers du prince
avaient pris en arrivant, il y en avait
un d'une figure charmante, qui se nommait Jean. Madame de Lamballe le remarqua ; et l'ayant fait appeler, elle
lui demanda son nom. — Je m'appelle
Jean. — De ton nom de baptême...... ;
mais ton nom de famille ? — Je m'appelle Jean ; si vous voulez, je m'en vais
vous aller quérir de vieux parchemins
que mon grand-père m'a dit que je prisse
bien garde de perdre ; et il disait comme
ça que cela prouvait que je me nommais
Jean. Mais mon père et ma mère sont
morts, et puis mon bon grand - père
aussi ; et si je n'avais pas trouvé de
l'ouvrage chez monseigneur, j'aurais été
bien embarrassé, car je suis bien jeune
pour travailler aux champs. Si vous le
voulez, je vous ferai voir ces vieilles
paperasses, que je ne sais pas plus lire
qu'autres choses. — Va, mon ami Jean,
répondit la princesse ; et en un instant
le petit bonhomme revint tenant sous
son bras des parchemins à moitié ron-

gés. Madame de Lamballe les remit à son secrétaire ; on les lut avec attention, et on trouva qu'il était de la maison de Jean, qui tire son origine de Jean III, fils d'Artus III, duc de Bretagne. Ce Jean III mourut en 1341, ne laissa qu'un fils naturel, nommé Jean, qui ne succéda pas aux Etats de son père ; mais il fut le chef de la maison de Jean, dont cet enfant prouvait, par ses titres, l'affiliation jusqu'à lui. M. de Penthièvre et madame de Lamballe le firent mettre au collége de Rennes, et se chargèrent de son avancement.

Je ne puis quitter les environs des rochers sans donner un souvenir à madame de Sévigné, qui, sans jamais avoir eu la prétention, si dangereuse quelquefois pour les femmes, d'être auteur, a laissé à la littérature un ouvrage immortel, et dont la réputation semble croître à mesure que nous nous éloignons de ce siècle destiné

Pour servir de leçon aux parleurs à venir.

M. de Castellane, premier écuyer de M. le duc de Penthièvre, parent de MM. d'Ademar, avait été élevé par l'aimable Pauline, dont madame de

Sévigné, sa grand'mère, parle d'une manière si touchante. Quel plaisir ne devait-il pas avoir à se trouver dans un pays que l'aïeule de celle qui lui avait servi de mère, préférait à tous les autres, et dont elle fait des descriptions si vraies ! J'ai connu la fille de M. de Castellane, l'aimable princesse de Bergh, qui avait hérité des qualités précieuses de cette famille ; ses grâces étaient simples et modestes, et elle joignait à beaucoup d'esprit, une figure noble et touchante : elle fut attachée à la reine. J'ignore le sort que cette vertueuse femme a subi dans les jours qui ont couvert la France de deuil.

Ce ne fut pas sans la plus grande sensibilité que l'on vit partir de Rennes leurs altesses, et jamais aucun commandant ne laissa d'aussi sincères regrets, d'autant qu'on ne se flattait pas de le revoir. En arrivant à Versailles, madame de Lamballe se rendit chez la reine, qui parut enchantée de son retour, et lui fit promettre de ne plus la quitter. Qui aurait cru .... Mais les cours furent toujours semblables à ces sables mouvans, sur lesquels croît une mousse dont la molle verdure paraît offrir un chemin facile, tandis qu'elle cache des abîmes : de même, la haute faveur est un signe certain d'une prochaine disgrace ; non que l'on puisse accuser les princes d'être plus inconstans que les autres hommes ; ils ont les mêmes vices et les mêmes vertus ; ils sont seulement plus en évidence. Mais l'envie étant le caractère dominant de l'espèce humaine, il est impossible que ses traits ne se réunissent pas contre l'objet de préférence des maîtres de la terre ; et tant de gens qui ont un si grand intérêt à leur perte, oublient un instant les sujets qu'ils ont d'être opposés entr'eux, pour n'avoir qu'une voix ; et cette voix invente, exagère les défauts de leur ennemi commun, jusqu'à ce qu'ils l'aient fait tomber du faîte de la gloire dans l'oubli, le plus terrible malheur que puisse éprouver l'intrigant. Mais ici il fallait des efforts extraordinaires pour renverser le crédit de madame de Lamballe ; c'était une princesse du sang, une femme charmante, douée de l'esprit le plus aimable, dont la complaisance et les soins flattaient d'autant plus la reine, qu'elle ne les devait qu'à l'amitié, et qu'aucun mo-

tif d'un vil intérêt n'en pouvait corrompre la noblesse : aussi jouit-elle,
pendant plusieurs années, de toute la
confiance de son auguste maîtresse, qui
trouvait avec elle le charme de l'amitié, sans craindre d'être égarée par la
flatterie. Malheur à qui a pu douter de
l'innocence de cette union ! Les hommes
auraient-ils donc une si grande horreur
de la vertu, que leur imagination dé-
pravée leur fît inventer les plus absurdes
calomnies, lorsqu'ils ne peuvent trouver aucun juste sujet d'exercer leur
malignité ! Ah ! il suffisait de voir l'expression touchante de la physionomie de
madame de Lamballe, sa naïve gaîté,
pour juger de toute la pureté de son
âme. Le vice est sombre et farouche, et
le remords qui le suit éloigne les grâces
modestes, qui furent jusqu'au dernier
moment les compagnes de cette adorable
princesse.

Elle se livrait dans son intérieur à
la plaisanterie, sans jamais offenser
personne. Un jour qu'elle était dans le
cabinet de M. de Penthièvre, elle assis-
tait à la présentation d'une femme extrêmement laide, mais que le prince
embrassa comme si elle eût été jolie.

Madame de Lamballe eut toutes les peines du monde à ne pas éclater de rire, et dit assez bas pour n'être entendue que d'une de ses dames : Oh ! il est bien malheureux que papa n'ait point quelques jolis péchés à expier, car cette ambassade lui vaudrait des indulgences.

Ce fut en 1775 que madame la duchesse de Chartres alla en Italie, accompagnée de M. le comte et de madame la comtesse de Genlis, et de madame de Roussi. C'était peut-être pour se distraire des chagrins qu'elle commençait à éprouver dans son intérieur, que cette intéressante princesse entreprit ce voyage qui étonna tout Paris. Quoi qu'il en soit, madame de Chartres, sous le nom de madame la comtesse de Joinville, parcourut ce magnifique pays, qui n'aurait besoin ni des grands souvenirs qu'il offre à chaque pas, ni des trésors qu'il renferme pour intéresser le voyageur. La nature, qui s'est plue à embellir l'Italie de tous ses dons, y présente, à côté des plus riants tableaux, les scènes les plus imposantes, et avec une âme aussi sensible que celle de madame de Chartres, on devait sentir tout le prix de ces beautés. Les dames qui avaient l'honneur de l'accompagner partagèrent avec elle les fêtes qu'on s'empressa de lui donner à Venise, à Gênes, à Florence, à Naples, à Rome, et dans toutes ces villes célèbres, et par les anciens monumens qui les embellissent, et par la supériorité des virtuoses. Madame de Chartres admira les chefs-d'œuvre des arts que les siècles avaient en quelque sorte portés en tribut dans ces antiques contrées. Mais un sentiment plus doux et plus fait pour son âme, l'attendait à Turin ; là, elle vit avec la plus vive satisfaction madame la princesse de Piémont. Avec quel plaisir cette bonne et aimable princesse la reçut ! Avec quelle tendresse elle lui parla de ses frères, de madame Élisabeth ! Toute la famille royale s'empressa de lui rendre les honneurs dus plus encore à ses vertus qu'à son rang. Elle ne fut pas moins bien accueillie par le prince et la princesse de Carignan, qui voyaient en elle l'amie et la sœur de leur fille chérie ; les torts dont on accusait le duc de Chartres, loin de diminuer l'intérêt que l'on portait à la duchesse, semblaient l'accroître. Tout ce, qui avait l'avantage de l'approcher cherchait à la dédommager du bonheur dont elle aurait si bien mérité de jouir et dont l'inconstance du duc la privait; cependant elle s'efforçait de ne point le trouver coupable, et n'en était que plus respectable aux yeux de toute l'Europe. Personne n'appréciait mieux ses vertus que madame de Carignan, qui lui parla long-temps de madame de Lamballe, du désir qu'elle aurait de la voir, d'autant plus que sa santé s'affaiblissait, et qu'elle craignait d'être privée du bonheur de l'embrasser avant de mourir. Madame de Chartres l'assura que sa fille était très-occupée d'elle, mais que ses devoirs auprès de la reine ne lui permettaient pas de s'absenter. Madame de Joinville soupa chez l'ambassadeur de France, où le prince de Carignan et ses fils se trouvèrent : il y eut un concert délicieux, où on exécuta plusieurs morceaux de Gluck, qui est presque le seul musicien qui ait su faire chanter la langue française. Pour lui, elle perdait son ingratitude musicale, comme pour Fénélon, elle est aussi riche que celle des anciens : le génie ne trouve aucun obstacle qui arrête ses sublimes élans.

Madame de Chartres partit le lendemain pour revenir à Paris. Madame de
Lamballe et M. de Penthièvre l'attendaient au Palais-Royal. On juge bien
que rien n'intéressait autant la curiosité de notre princesse, que les détails
sur le séjour de Turin. Son aimable
belle-sœur ne les lui fit pas attendre;
mais elle ne put retenir ses larmes en
apprenant que sa mère était malade.
Cependant, madame de Chartres l'assura qu'il n'y avait pas de danger pres-
sant; et effectivement madame de Carignan vécut encore près d'un an.

Depuis quelque temps, madame de
Lamballe était souffrante : grandeur,
beauté, jeunesse, ne garantissent pas
des douleurs attachées à l'humaine nature : et combien d'hommes puissans
envient la santé d'un pauvre artisan! On
peut dire que le partage ne serait pas
égal, si les riches ne jouissaient pas de
ce précieux don; mais aussi qu'elle est
terrible la misère quand la maladie se
joint à toutes les privations qu'elle entraîne ! c'est alors que la vie n'est plus
qu'un fardeau insupportable. Que de
moyens l'homme opulent a pour alléger ses souffrances ! toute la nature

semble lui offrir des remèdes salutaires ;
il peut se transporter dans des voitures
commodes à ces sources bienfaisantes
qui lui rendent la vie et la santé. Tous
les plaisirs l'attendent dans ces lieux
sauvages, et la dissipation qu'il y rencontre, avance sa guérison presqu'autant que les eaux qu'il y vient chercher.
Ce furent celles de Plombières que l'on
ordonna à la princesse ; elle s'en trouva
très-bien ; et, à son retour, passant à
Nancy le 26 août 1776, un détachement du régiment de la Rochefoucauld
vint à sa rencontre.

A son entrée dans la ville, le régiment du Roi formait une double haie
depuis la porte Saint-Nicolas jusqu'à
l'hôtel du Gouvernement, où elle descendit. Elle y reçut les complimens du
parlement, de la chambre des comptes,
de l'université, du chapitre de la ca-
thédrale. Le soir, elle traversa la ville
à pied, aux acclamations du peuple,
qui, se souvenant encore des bienfaits
de son dernier duc, voyait avec plaisir
dans ses murs une princesse de la cour
de son arrière-petit-fils, qui, par sa beauté
et son amabilité, s'attirait tous les cœurs.
Grands de la terre, qu'il vous en coû-

tait peu pour vous faire adorer ! le pres-
tige qui vous environnait donnait à vos
moindres actions un prix infini : mais,
je ne puis m'empêcher de dire à ceux
qui se livraient à cette douce ivresse,
que le sang des têtes couronnées leur
faisait éprouver, comment se fait-il qu'en
si peu d'années vous soyez devenus assez
féroces pour choisir, comme victimes
de votre rage, les plus intéressans parmi
vos concitoyens, parce qu'ils défen-
daient leurs prérogatives ? Jeune et sensible Désille, qui pérites dans cette même
ville, par votre sublime dévouement,
n'auriez - vous pas préféré de rendre
quelques honneurs à cette intéressante
femme dont la gloire rejaillissait sur
le peuple, à la douleur de voir vos
frères prêts à s'entre-déchirer, et une
douce obscurité, à l'éclat d'une renommée due à vos vertus, mais qui coûta
tant de larmes aux auteurs de vos jours ?

La reine attendait avec impatience
le retour de son amie, qui, cependant,
passa l'hiver à Paris, et ne se rendit à
Versailles qu'au mois d'avril. Il y eut,
pendant ce temps, peu de changemens
dans le ministère, si ce n'est la retraite
de M. Turgot, dont nous avons parlé

plus haut. M. Taboureau lui succéda ; il était frère de M. de Villepatour, connu par sa téméraire valeur, qui lui avait coûté plus que la vie, par l'affreuse blessure qu'il reçut en s'obstinant à rester auprès d'une batterie démontée. Ces deux frères étaient les plus honnêtes gens possibles. On ne peut reprocher au contrôleur-général, que d'avoir eu peu de confiance en ses propres talens, ce qui lui fit demander M. Necker pour adjoint. Celui-ci, sous le modeste nom de directeur du trésor royal, trouva bien le moyen d'évincer son protecteur pour se mettre à sa place.

Ce fut au mois de juillet 1777, que l'empereur Joseph II vint en France sous le nom du comte de Falkenstein. Ce prince était d'une figure fort agréable, et ressemblait à la reine. Ses manières étaient affables et n'avaient rien de la roideur allemande. Sa sœur l'emmena dans l'appartement de madame la princesse de Lamballe, et le lui présenta. On ne négligea rien pour lui rendre le séjour de Versailles agréable ; mais il parut étonné de la simplicité du roi, surtout de son économie personnelle : il espérait, disait-on, l'engager à lui donner plusieurs millions dont il avait besoin pour soutenir la guerre. Mais, si c'était le but de son voyage, il ne réussit pas, malgré les instances réitérées que la reine fit au roi, à ce qu'ont assuré depuis ses ennemis. Aussi ne parut-il pas très-satisfait : d'ailleurs, on crut démêler dans les louanges mêmes qu'il donnait aux magnifiques chefs-d'œuvre qui étaient en France, une secrète jalousie qu'il laissa pénétrer en voyant nos manufactures. Peut-être eût-il été à désirer, pour le bonheur de la reine, que ce prince ne fût point venu à la cour. La tendre amitié qu'elle lui témoigna fit penser qu'elle avait toujours conservé des liaisons avec lui, et qu'elles avaient été préjudiciables à l'Etat. Mais serait-il donc défendu aux princes de se livrer aux sentimens de la nature? Et parce que la reine aimait son frère, fallait-il croire qu'elle lui sacrifiât les intérêts de la France, qui seraient un jour ceux de ses enfans? car, malgré qu'elle n'en eût pas encore, ne devait-elle pas imaginer qu'elle serait mère!

Madame de Lamballe, qui s'apercevait que la reine n'avait plus pour elle le même empressement, et que madame de Polignac commençait à jouir de cette faveur qui fut si funeste à la femme de Louis XVI, se rendit moins assidument à la cour, et passa le reste de la belle saison à Sceaux avec son beau-père. Au mois de janvier, elle présenta au roi madame la comtesse de Broc, en qualité d'une de ses dames de compagnie. Ce fut elle qui la suivit en Hollande, où elle fit dans ce temps un voyage avec madame la duchesse de Chartres, qui avait conservé le nom de comtesse de Joinville ; madame de Lamballe avait pris celui de comtesse de Lésigny ; madame de Genlis avait suivi madame de Chartres : et si l'on en croit ceux qui étaient attachés à madame de Lamballe, on prétend que cette dame affectait à cette époque des airs de grandeur et de supériorité qui eussent été faits pour choquer les princesses. On assure qu'elle prenait, dans les différens gîtes, le plus bel appartement après celui de madame de Chartres, et que madame de Lamballe était souvent mal logée. Je ne pense pas que madame de Genlis se soit oubliée à ce point. Comment imaginer qu'une femme qui a tant d'esprit, eût pu faire une telle faute?

Quoi qu'il en soit, ces remarques ne furent point faites par madame la princesse de Lamballe, dont le caractère doux et complaisant ne lui laissait jamais penser que l'on pût avoir le dessein de lui manquer d'égards; elle qui en aurait eu pour les moindres personnes qui lui étaient attachées. Ce voyage néanmoins fut agréable aux princesses qui visitèrent toutes les villes intéressantes de ce pays, qui ne doit son existence qu'à l'industrieuse patience de ses habitans.

Tandis que mesdames les comtesses de Joinville et de Lésigny parcouraient cette riche république, et charmaient les cœurs des bons Hollandais par leurs manières simples et affables, S. A. S. monseigneur le duc de Chartres courait après la réputation des Duguai-Trouin et des Jean-Bart, et c'est à cette époque qu'une dame de la cour lui dit malignement lorsqu'il revint de la brillante expédition d'Ouessant, et qu'il se permettait des sarcasmes contre quelques femmes : Monseigneur se connaît mieux en signalement qu'en signaux. Il rentra dans la rade de Brest pour venir à Paris se faire applaudir à l'Opéra;

mais on a beau vouloir justifier sa conduite dans le combat d'Ouessant, le mauvais succès de cette affaire lui fit le plus grand tort dans l'opinion générale. Il manqua le but qu'il s'était proposé, et la voix publique, qui même dans ce temps avait infiniment de force, lui ôta l'espérance d'avoir la place de grand-amiral, à laquelle il prétendait.

Voyant qu'il ne l'aurait pas, il fait dans sa lettre à Louis XVI, en date du......... comme le renard de la fable, et prie le roi de ne pas la lui accorder. Cependant S. M. voulant lui donner une preuve de bienveillance, créa pour lui la charge de colonnel-général des hussards, et comme alors cette arme était bien loin d'avoir la réputation qu'elle a de nos jours, cette grâce devint une source de plaisanteries contre le duc; et le parisien qui, dans ce temps, riait de tout, s'en amusa pendant quelques instans.

Les Français voyaient avec les transports de la joie la plus vive, qu'enfin leurs vœux étaient exaucés. La reine avançait très-heureusement dans sa grossesse, et donne le jour à madama Marie-Thérèse-Charlotte, le 19 décembre 1778.

Rien ne peut peindre les transports de l'allégresse publique ; tous se portaient en foule dans les appartemens , et ces marques d'attachement faillirent être funestes à celle qui en était l'objet. La chaleur excessive que causait l'affluence qui se trouvait jusques dans la chambre de la reine , les odeurs , le bruit inséparable de la multitude, la suffoquèrent; le sang se porta à la tête , et elle resta long-temps sans connaissance. Vermon , son accoucheur , prit sur lui de la faire saigner sur-le-champ du pied , et lui sauva la vie. Ah ! qui aurait pensé que jamais le plus mortel de ses ennemis n'aurait pu lui rendre un plus cruel service? Madame de Lamballe, qui aimait toujours tendrement la reine, ne put supporter la vue de son danger sans en être alarmée, au point qu'avant que sa majesté eût repris ses sens, elle s'était évanouie, et on fut obligé de la transporter dans son appartement. Le roi était dans un ravissement inexprimable, d'être père ; il caressait cette innocente créature qui, la première, devait lui donner ce nom si doux ; il embrassait tout ce qu'il rencontrait ; enfin, il semblait présager que les grâces touchantes

de cette malheureuse princesse adou-
ciraient un jour ses tristes destinées.
Moins infortunée que les enfans que la
reine mit au monde depuis, elle est seule
échappée à la faulx du trépas; elle seule
conserve dans son cœur le tendre et douloureux souvenir d'un père et d'une mère
dont elle a fait les délices. M. le duc
d'Orléans creva son plus beau cheval
pour arriver à Versailles partager la joie
du roi. Il ne fut que 17 minutes à venir
de Saint-Cloud à Versailles. M. le duc
de Chartres ne parut que plusieurs heures
après la naissance de la princesse. Le
21 décembre, toute la maison de la
reine voulut rendre à Dieu les actions
de grâces pour l'heureuse délivrance de
leur auguste maîtresse. Elle assista à la
messe que l'évêque de Chartres, grand-
aumônier de la reine, célébra à l'église
de Notre-Dame de Versailles. Madame
la princesse de Lamballe fut une de celles
qui y parut avec l'expression la plus
touchante de piété et de la joie.

La santé de madame la princesse de
Carignan avait paru un peu meilleure
depuis quelque temps, et madame de
Lamballe espérait que le ciel la rendrait
à ses vœux, lorsqu'elle vit un jour M. le

duc de Penthièvre entrer chez elle à l'heure où le prince était ordinairement occupé de ses exercices de piété. Etonnée de les lui voir interrompre, sa fille ne douta pas que ce ne fût pour un sujet important. Elle se lève, vint au-devant de lui pour l'apprendre; mais il l'embrasse sans lui répondre, l'engage à s'asseoir, se place à côté d'elle, et lui prend affectueusement les mains. Madame Lamballe, qui voyait sur ce front serein où brillait la vertu, un nuage de tristesse, croit que l'afflixion que le prince éprouve tenait à quelqu'objet qui l'intéressait particulièrement, et sachant que madame la duchesse de Chartres est sa plus chère affection, elle craint qu'il ne lui soit arrivé quelque malheur, et s'informe, avec la plus vive inquiétude, de ses nouvelles.—Ma fille se porte bien; je crois qu'elle ne tardera pas à se rendre ici. — Qui peut donc, papa, vous causer du chagrin? car je vois que vous avez l'air très-affligé. — Oui, je le suis, je ne vous le dissimulerai point : tout ce qui vous touche m'intéresse vivement. — Quoi! c'est pour moi que vous êtes inquiet!.... Serait-ce ma disgrace déclarée par la reine? il y a plusieurs années que je m'y attends. — Non, ma fille, et je puis vous assurer que par mille motifs que vous n'ignorez pas, je n'en serais point aussi douloureusement affecté.—Qu'est-il donc arrivé? Si vous, que j'aime comme mon père, et ma sœur de Chartres, vous vous portez bien, je ne sais ce qui pourrait troubler la tranquillité de mon âme. — Je suis sensible, autant que je le dois, mon enfant, à ce tendre abandon qui vous fait regarder ma fille et moi comme votre unique famille, et, semblable à Ruth, vous fait oublier le pays qui vous a vu naître ; mais, cependant, je connais tout votre attachement pour les auteurs de vos jours. — Quoi! mon père serait-il malade? — Non, il est en assez bonne santé, mais en proie à la plus vive douleur. — Grand Dieu ! s'écria douloureusement la princesse, ma mère est morte; et elle tomba dans une insensibilité si profonde, que le duc en fut effrayé : il sonne avec empressement pour lui procurer des secours. Ses femmes la portèrent sur son lit, où elle ne recouvre la connaissance que pour verser un torrent de larmes. M. de Penthièvre laisse à la nature les premiers momens, puis il la ramène avec cette persuasion qui tire sa force de la sublimité de ses motifs et des vertus de celui qui les emploie à une situation moins violente, et parvient peu à peu à modérer sa juste douleur. Madame de Chartres arrive un instant après, et ajoute aux pieuses consolations que M. de Penthère avait données à sa belle-fille, toutes celles de la touchante amitié. Hélas! il en existait une, qui ne pouvait se présenter à leur pensée, et que la connaissance de l'affreux avenir aurait pu seule offrir, c'était que la princesse de Carignan eût quitté cette vie avant l'instant horrible qui termina celle de sa malheureuse fille. Quelle est la mère qui aurait pu supporter le récit de cette scène atroce? Quelles eussent été les convulsions de sa douleur, et avec quel déchirement elle serait descendue au tombeau pour y rejoindre cette fille infortunée? Quinze ans de vie n'auraient-ils pas été payés trop chèrement, en étant restée, pour ainsi dire, témoin de cet horrible massacre? Mais on était loin, à l'époque où madame de Lamballe pleurait celle qui lui avait donné la vie, d'imaginer de telles horreurs.

Un service solennel apporta quelqu'a-
doucissement à la douleur de madame
de Lamballe, dans l'espérance que les
prières des ministres des autels, jointes
à celles de la piété filiale, avanceraient
le bonheur inaltérable de sa mère. Mais
à peine la princesse commençait à supporter l'idée d'être privée de celle qui
avait mérité toute sa tendresse et son
respect, que son âme sensible fut déchirée par les nouvelles qu'elle reçut
de l'état de son père, qui ne pouvait
survivre à la perte d'une épouse qui lui
avait été si chère; et madame de Lamballe se disposait à partir pour Turin,
au moment où elle sut que les soins
qu'elle voulait partager avec ses sœurs
pour le meilleur des pères, seraient
inutiles. M. le prince de Carignan mourut à Turin, le 6 décembre 1778, à
57 ans, heureux de rejoindre celle qu'il
avait tant aimé, et d'échapper aux convulsions qui devaient, quelques années
après, déchirer sa patrie.

Le 22, madame de Lamballe se rendit à Versailles pour y recevoir les complimens du roi et de la famille royale.
J'en rapporterai le cérémonial pour ceux
qui, nés depuis que ces usages n'existent

plus, lisent l'histoire de ces temps si rapprochés, avec autant d'étonnement que nous lisons celle des premières annales du monde.

. Lorsque la famille royale avait un compliment de condoléance à faire à une princesse du sang, celle-ci se rendait à Versailles, dans un appartement du château, se mettait sur un lit de parade; toute sa famille se rangeait autour, et recevait avec elle le roi, la reine et les enfans de France : mais ce qu'il y avait d'extraordinaire dans cette cérémonie, c'était que la princesse qui était censée malade, puisqu'elle était dans son lit, se levait une heure après, se mettait en grand habit, et allait rendre les visites qu'elle avait reçues ; il faut en convenir, rien ne ressemblait plus à une scène de théâtre : elle donna lieu, sous Louis XV, à une anecdote que je rapporte comme la tenant d'un témoin oculaire. A la mort de la princesse de Conti, madame la duchesse d'Orléans, sa fille, attendant la cour dans la chambre de parade, madame de Pompadour, oubliant que cette chambre était occupée pour la cérémonie, la traversa en petite robe ; et apercevant la princesse, mit

la main sur sa figure , et passa très-vîte ,
en disant : *Qu'on ne me voye pas! qu'on ne
me voye pas!* — *Soyez tranquille*, répondit la duchesse en haussant les épaules ;
je ne vois jamais ce qui est loin de moi.

Ce n'était pas dans ces fastueuses pué-
rilités que consistait la grandeur des
princes ; ce n'était pas ce qui aurait
rendu aux âmes sensibles leur sort si
désirable ; et si cette étiquette était nécessaire pour en imposer à la multitude,
elle fatiguait souvent ceux dont elle était
destinée à relever l'état, sans les rendre
plus recommandables aux hommes sensés ; mais, c'est dans la facilité qu'ils
avaient à répandre les bienfaits, que
leur sort était digne d'envie. Il y avait
à Saint-Léger, près Montfort-l'Amauri,
où M. Brion était curé, quatre pauvres
laboureurs, dont le plus jeune avait 82
ans ; les travaux les plus pénibles, la
plus stricte économie, n'avait pu garantir leurs vieux ans de la misère. Le pasteur en avertit M. de Penthièvre, dont
ils étaient vassaux ; et ce prince, qui
aimait à faire partager à madame de
Lamballe le plaisir touchant de secourir
les infortunés, lui lut la lettre du curé,
et la pria de chercher la forme la plus

convenable pour soulager ces êtres respectables par leur âge et leurs mœurs. La princesse se chargea de répondre à M. Brion, et lui dit que son altesse donnerait aux vieillards 1200 francs de pension, réversibles au dernier vivant, dont il envoyait une année d'avance ; qu'elle engageait ce digne pasteur à les réunir à sa table, et à leur apprendre au moment où un meilleur repas que ceux qu'ils faisaient depuis long-temps aurait ranimé leurs esprits, qu'ils étaient assurés de ne plus craindre la misère. M. Brion remplit les intentions de leurs altesses ; et le dimanche suivant, au sortir le l'église, il engagea les quatre laboureurs à venir dîner chez lui. Ces bonnes gens, très-flattés de l'honneur que M. le curé leur faisait, s'y rendirent avec l'empressement que leur âge et leurs infirmités pouvaient leur permettre. Le curé leur parla de leur situation ; ils dirent tous qu'elle était bien triste, mais qu'ils avaient si peu de jours à vivre, que ce n'était plus la peine de s'en occuper. — Mais, dit M. Brion, si vous aviez seulement chacun un muid de blé d'assuré ? — Ah ! M. le curé, nous serions trop heureux ! — Si à cela on joignait une somme telle que vous fussiez sans inquiétude pour les besoins que la maladie peut ajouter à ceux que vous avez déjà ; qu'enfin, vous fussiez en état d'avoir du bois, un peu de vin ? — Nous oublierions alors tous les chagrins que nous avons éprouvés. — Eh bien ! mes amis, grâces à monseigneur le duc de Penthièvre, grâces à madame la princesse de Lamballe, qui a daigné m'écrire elle-même, et dont voici la lettre, vous avez tout ce que vous pouvez désirer. Il leur lut aussitôt les témoignages touchans de bonté de la princesse et de générosité de son beau-père. Les vieillards fondaient en larmes, et ne cessaient d'invoquer le ciel pour le bonheur de ceux qui finissaient leur misère. Le curé leur partagea la somme, et chaque vieillard se retira, comblé de reconnaissance et de joie, dans son humble chaumière, dont il ne craignait plus que la faim fît son tombeau. Ils jouirent encore, pendant plusieurs années, des bienfaits du prince ; et tous les ans, le 24 janvier, le curé les amenait dîner chez lui, en mémoire du jour de l'année 1779, où ils avaient reçu les premiers dons de son altesse.

Madame de Lamballe venait peu à la cour; cependant son service quelquefois l'y appelait : on la vit, dans les solennités des fêtes de Pâques de la même année, tenir un des coins de la nappe du banquet sacré. Jusqu'où les rois ne portaient-ils pas l'orgueil, si opposé à l'esprit de l'Évangile ? Il fallait que ce fussent les femmes titrées qui remplissent ce pieux office; et celles de simples gentilshommes n'eussent pas été admises à cet honneur. Combien n'ai-je pas entendu la duchesse de Beauvilliers-Desnos se plaindre de cette obligation, qui la forçait d'être en grand habit, dès sept heures du matin, pour tenir la nappe de madame Adélaïde, qui ne se bornait pas, comme tout le reste de la cour, à communier une seule fois tous les ans ! Madame de Beauvilliers, qui n'était pas dévote, trouvait que sa maîtresse aurait dû l'être un peu moins, pour pouvoir se lever plus tard; mais elle était duchesse : il fallait bien qu'elle payât, par cette légère fatigue, l'honneur de s'asseoir devant le roi.

Une cérémonie plus brillante amena madame de Lamballe à la cour; ce fut le mariage de Mlle. Guéménée, fille de la gouvernante en survivance des enfans de France, avec Charles-Louis-Gaspard de Rohan - Rochefort, son cousin. Les Rohan mirent un faste dans cette occasion, qui semblait être autorisé par la grande faveur dont ils jouissaient. Le cardinal de ce nom, grand-aumônier, les fiança, comme princes étrangers, dans le cabinet du roi. Tous les princes et princesses du sang y assistèrent. Ce fut mademoiselle de Rohan, sœur du prince de Rochefort, qui porta le bas du manteau de la fiancée. Là étaient le vieux maréchal de Soubise, la respectable comtesse de Marsan. Gloire, grandeur, vertu, immenses richesses, les premières charges de la couronne, tout était réuni dans cette illustre maison; et comme si ce n'eût pas été assez des avantages de la fortune, la nature semblait s'être plue à les parer de ses dons. Rien n'était si beau que les individus qui composaient cette famille. Enfin, tout paraissait leur assurer le sort le plus heureux; cependant, l'inconstance des destinées n'a pas même attendu pour eux ce moment terrible, où tout ce qui était grand fut précipité du sommet de la roue au plus bas;

il a fallu qu'ils sentissent particulièrement la vanité de ce qu'on nomme élévation et faveur, et que leur chute fût en quelque sorte le signal de celle de la famille royale, dont elle commença à ébranler les fondemens. Mais ce n'est pas encore l'instant de parler de ces événemens qui se trouvent liés à l'histoire de celle dont j'écris les Mémoires, et qui par conséquent doivent suivre l'ordre des temps.

Ce fut à la rentrée du parlement de la même année, que l'on plaida une cause où les droits sacrés de la nature furent sacrifiés à ceux des froides conventions des lois civiles. Que ne dut pas souffrir le cœur sensible de madame de Lamballe, lorsqu'elle se vit forcée à se ranger parmi les puissances liguées contre une femme infortunée, que sa jeunesse et sa beauté ne garantirent pas du malheur de voir casser son mariage avec le prince Eugène de Carignan, frère de madame de Lamballe, le même à qui Louis XVI, lors de son sacre, avait donné un régiment d'infanterie, qui prit le nom de Savoie-Carignan, avec une pension de 40,000 fr. ! Il était devenu éperdument amoureux de la fille d'un

gentilhomme de Saint-Malo, où il était
en garnison. Il ne put rien obtenir de
cette belle personne, qu'en lui offrant
la qualité d'épouse. Les intentions du
prince parurent si loyales, et la tendresse de ce couple si intéressante, que
l'évêque de Saint-Malo ne fit point difficulté de lui donner des dispenses de
publication de bans à Turin, où le
prince de Carignan s'imaginait bien qu'il
trouverait des difficultés pour obtenir
le consentement du roi de Sardaigne ;
car il n'avait point d'autres obstacles
à redouter, puisqu'il avait perdu les
auteurs de ses jours. Il reçut la bénédiction nuptiale, et passa quelques mois
dans l'ivresse du bonheur avec une
femme charmante.

Quand enfin la nouvelle de ce mariage vint à la cour de Sardaigne, l'extrême disproportion de rang entre les
époux parut une raison suffisante pour
que Victor Amédée en demandât la cas-
sation. Tout Paris se porta en foule pour
entendre plaider une cause aussi importante ; tout le monde faisait les vœux
les plus sincères pour cette infortunée,
qui, par un arrêt, allait perdre en un
instant l'époux qu'elle adorait, et voir

flétrir sa réputation. Quelque chaleur que mît son avocat à la défendre, les défauts de forme étaient prouvés, et l'honneur qu'avait le prince Eugène de pouvoir être un jour, lui ou ses descendans, appelé au trône, le priva d'une compagne chérie. Madame de Lamballe tâcha d'adoucir le sort de cette femme si intéressante, par ses bienfaits ; mais en est-il qui puissent réparer la perte que cet arrêt sévère lui faisait éprouver ? Son époux seul pouvait l'en consoler en ayant le courage de braver l'opinion, et de continuer à faire le bonheur de celle qui, unie à lui par les lois divines, avait reçu ses sermens que des procédures ne pouvaient rendre nuls aux yeux de l'honneur et de la religion.

Parmi les évènemens importans de la guerre d'Amérique, que l'histoire recueillera, il en est un peu digne d'occuper ceux qui ne prisent les actions que par ceux qui les font, mais qui ne m'en paraît pas moins mériter une place dans ces Mémoires, tant par le courage et la fermeté de ceux qui réussirent dans une entreprise si périlleuse, que parce qu'il donna à M. le duc de Penthièvre une occasion de plus de prouver son parfait désintéressement : avant de le raconter, qu'il me soit permis de faire ici quelques réflexions sur cette guerre. Peut-être aurais-je dû les placer en parlant du combat d'Ouessant ; mais j'étais trop vivement affectée, en me rappelant ce combat où la gloire de nos armes fut compromise, pour être alors capable d'arrêter mon imagination sur un autre objet, tandis que n'ayant ici, qu'à tracer une action de bravoure de nos généreux voisins, je puis revenir tranquillement sur les circonstances extraordinaires qui avaient déterminé le roi à protéger un peuple qui cherchait à secouer l'autorité royale.

Depuis le temps que les économistes avaient conçu le projet de faire des Français, un peuple de philosophes (et certes l'entreprise n'était pas petite, car philosophe et Français sont loin d'être synonymes), on ne cessait de vanter la liberté comme le premier des biens. Louis XV, qui jugeait très-sainement, ne tarda pas à sentir où cet amour de la liberté pouvait entraîner un peuple frivole par sa nature, et qui ne peut rester dans de justes bornes, parce que l'irritabilité de ses nerfs ne lui permet pas de se fixer. Ce roi donc, qui redoutait toute innovation, traita si sévèrement ceux qui, par leurs écrits et leurs discours , voulaient changer l'ordre des choses établies, qu'ils furent contraints de suspendre l'exécution de leur projet favori ; projet, comme je le dirai par la suite, qui remontait beaucoup plus haut, et qui, de l'aveu d'un protestant, prit naissance dans le sein de l'église prétendue réformée. Mais, que pouvaient faire les novateurs dans l'inaction où les tenait le roi ? Comment auraient-ils pu mettre en pratique leur savante théorie qui s'accordait si peu avec un état monarchique ? Il fallut donc chercher un autre coin de terre où ils philosopheraient tout à leur aise. Celui où le célèbre Payne avait établi ses disciples, leur parut leur véritable patrie. Depuis long-temps la métropole abusait de sa force pour vexer des hommes que leur pauvreté, la simplicité de leurs mœurs, auraient dû lui rendre respectables. Les Anglo-Américains ne supportaient plus qu'avec la dernière lassitude les chaînes dont l'Angleterre les accablait : nos beaux-esprits ne pouvaient donc trouver des gens mieux disposés à secouer le joug, et ils ne négligèrent rien pour les y encourager. Reinal, Rousseau, Mabli, leur montrèrent leurs droits; et comme les sciences unissent ceux qui les pratiquent, Franklin eut des correspondances directes avec nos académies. Il nous apprit à suspendre les effets de la foudre; et désarmant le maître des dieux, il nous préparait à n'en plus connaître parmi les hommes.

La mort de Louis XV amena un grand changement dans le gouvernement. Son successeur, je le dis et je le répète, parce que j'en suis intimément persuadé, n'avait d'autre passion que le bonheur de ses semblables. Et loin de rejeter, comme son aïeul, tout ce qui tendait à affranchir les hommes du joug qu'ils portaient, il accueillit les systèmes nouveaux par amour pour l'humanité; non qu'il eût peut-être l'idée qu'ils pussent être adoptés en France, dont il croyait le peuple attaché à la forme de son gouvernement; mais il crut cette morale utile à un peuple neuf; et permit d'abord facilement de donner tous les secours aux Américains. La Fayette fut un des premiers qui passa dans cet hémisphère. Il n'est pas douteux qu'il n'y fût autorisé par le gouvernement : ce n'aurait pas été la maison de Noailles, dont la politique à la cour était si connue, et dans laquelle ce jeune homme venait d'entrer par son mariage avec la fille du duc d'Ayen, qui aurait souffert qu'il eût fait cette démarche, si elle l'avait crue contraire à la volonté de Sa Majesté.

Washington reçut la Fayette avec la plus grande distinction, et lui dit que cette action était le premier feuillet de la vie d'un grand homme; il aurait pu dire avec plus de vérité, de l'homme le plus infortuné; car, fut-il jamais, pour un être vertueux, et je crois que la Fayette l'est, un sort plus affreux que celui qu'il a éprouvé? Son exemple fut suivi par beaucoup d'autres. Beaumarchais se chargea de l'équipement des troupes américaines, et leur fit payer ses services comme son père faisait payer ses montres aux jeunes gens qui les achetaient pour en faire de l'argent, mais enfin c'étaient toujours des uniformes qu'ils n'auraient pas eu sans lui. Bellegarde pensa porter sa tête sur l'échafaud pour avoir exécuté les ordres de M. de Choiseuil, en mettant en réforme une grande partie des armes de l'arsenal de Strasbourg sans avoir pris la précaution d'avoir un ordre par écrit : mais tous ces secours ne pouvaient être donnés si secrètement, que le cabinet de Londres n'en fût instruit et ne fût irrité de voir un roi soutenir la révolte des sujets contre leur souverain, dans l'acception qu'alors on donnait à ce terme ; et Georges déclara la guerre à la France. Alors, tous les officiers qu'une longue paix avait tenus dans l'inaction dont ils s'ennuyaient, sollicitèrent avec empressement du service dans le nouveau continent. On vit des colonels de cavalerie remettre leurs régimens pour en avoir un d'infanterie, qui seuls étaient embarqués. Le désir des dangers, qui est aussi naturel aux Français qu'à d'autres peuples, celui de l'inaction, les faisait courir à la gloire de défendre cette ré-publique naissante. D'ailleurs, cette guerre avait un caractère de philanthropie qui la mettait très à la mode. Aucun intérêt personnel ne semblait entrer dans les motifs qui l'avaient déterminée. Ce n'était pas une conquête que l'on voulait faire, c'était au contraire un peuple qu'on allait affranchir du joug de la ty-rannie ; c'était dans un pays qui était fait pour intéresser par ses sites, différens des nôtres, ses forêts immenses, ses peuplades sauvages, ses lacs, dont les eaux captives sous les glaces pendant six mois de l'année, donnent la facilité de parcourir sur des traîneaux de longs espaces. Que de choses propres à piquer la curiosité de nos aimables oisifs, qui soutinrent l'honneur du nom français par des traits multipliés de bravoure auxquels nous sommes si accoutumés, qu'à peine nous donnons-nous celle de les recueillir !

Ce fut là que le jeune Toussart, d'une figure charmante, qui lui avait soumis les plus sévères beautés, reçut une blessure qui lui fracassa le bras droit ; le chirurgien lui assura qu'il le lui conserverait : il lui demanda combien de temps ce traitement pourrait durer ? — Six mois. — Et pendant ce temps pourrai-je servir ? — Ce sera impossible. — Et si vous me coupiez le bras ? — Dans trois semaines vous pourriez monter à cheval.

— Il n'y a pas à balancer, j'aime mieux un bras de moins, et ne pas perdre la campagne. — C'est pendant cette guerre que se fit cette savante et fameuse réunion de trois armées, qui, arrivées le même jour de trois points extrêmement

éloignés, surprirent quinze mille Anglais qu'ils forcèrent de mettre bas les
armes; triomphe d'autant plus glorieux,
qu'il ne coûta pas une seule goutte de
sang. Nos succès, sur la mer, balançaient
ceux de cette nation qui prétend en être
souveraine. Suffren, Lamotte, d'Es-
taing, Tourville, Breugnon, d'Aimar,
et tant d'autres que je ne puis nommer,
montrèrent autant de talens que de courage. Le seul de Grace fit éprouver une
humiliation presque sans exemple à la
marine, en rendant le vaisseau amiral
qu'il montait. Je suis loin de le juger
avec la sévérité que le public lui montra
lors de son retour d'Angleterre, ou il avait
été conduit prisonnier. C'était un fort
brave homme, qui avait fait ses preuves
dans vingt combats; il ne lui restait pas
une amorce, et il avait sur son bord huit
cents hommes qu'il ne pouvait sacrifier;
mais ce que j'ai toujours eu peine à com-
prendre, c'est qu'il porta, avec une sorte
de complaisance, l'épée que Georges lui
avait donnée en échange de la sienne.
J'avoue que toutes les fois que je la lui
ai vue, j'éprouvais pour lui un sentiment d'humiliation. Comment tenir à
l'honneur, ce qui devait lui rappeler une

si grave infortune, d'autant qu'elle a influé sur les négociations de la paix, et la
rendit moins avantageuse (1)! Cependant, nous avions déterminé l'Espagne
à s'unir à nous contre l'ennemi commun
de toutes les puissances maritimes ; et
malgré sa lenteur, elle fit plus qu'on aurait dû attendre d'un peuple aussi su-
perstitieux, pour donner la liberté à
une nation protestante. Les Anglais leur
avaient fait des prisonniers; ils étaient
détenus dans les prisons de Winchester,
au nombre de quatorze cents Espagnols
et soixante Français, souffrant toutes les
incommodités d'une dure captivité. Qui
ne sait combien cette nation, qui se vante
de philosophie, traite avec inhumanité

---

(1) Un des amis de M. de Grace m'a assuré, depuis que ces Mémoires sont impri-
més, que le roi Georges n'avait point donné,
à ce général, son épée en échange de la
sienne, mais comme un témoignage d'estime, pour l'humanité que M. de Grace
avait montrée en sauvant les huit cents
hommes de son équipage, au lieu de les
sacrifier à un faux point d'honneur, en les
faisant sauter, avec son vaisseau, pour ne
pas le rendre.

les malheureux que le sort de la guerre fait tomber dans ses mains ? Le désir d'échapper à l'esclavage et de revoir leur patrie, inspira le projet au nommé Joseph de Castro et à Jean Victoria, matelots espagnols, de briser leurs fers et ceux de douze de leurs compagnons. Profitant de la liberté qu'on leur donnait de se promener dans un pré assez vaste, ils pratiquèrent, après huit jours d'un travail opiniâtre, à l'aide de ceux qui devaient partager leurs travaux et les avantages qu'ils espéraient en retirer, un souterrain d'une assez grande étendue ; et ayant trouvé une issue, ils sortirent, le 26 août, dans un bois, ce qui fit qu'on ne put les apercevoir : ils portèrent leurs pas vers la rivière de Southanton. Après avoir marché toute la nuit, ils s'arrêtèrent le 27, pendant le jour, dans la crainte d'être surpris.

Le désir de gagner le rivage les ayant déterminés à quitter leur retraite un peu avant l'obscurité, ils furent découverts par un Anglais ; ce qui leur fit craindre d'être reconduits au fort : mais cet homme, touché de leur position, leur donna, au contraire, tous les secours dont ils avaient besoin, et des vivres pour quelqu'argent comptant qu'ils avaient emporté. Dans la nuit du 27 au 28, ils parvinrent à la côte, où ils s'emparèrent d'une chaloupe qui se trouvait sur le bord de la rivière. Les quatorze braves s'embarquèrent, et arrivèrent jusqu'à la baie de Portsmouth. Là, ayant aperçu un sloop anglais de quatre-vingts tonneaux, qu'ils surent depuis être chargé d'avoine, ils se rendirent à bord, et leur fortune fit qu'ils n'y trouvèrent que le pilote, qui ne pouvait leur résister. Ils se mirent sur-le-champ à appareiller; mais, tandis qu'ils levaient l'ancre, le canot de ce bâtiment où étaient le capitaine, deux matelots et un mousse de l'équipage, arriva; et montant à bord sans défiance, ils furent accueillis par les Espagnols, qui s'en emparèrent et les enfermèrent dans la chambre du commandant. Le mousse allait s'échapper, et était prêt à se jeter à la mer pour gagner d'autres bâtimens et avoir du secours pour celui dont les prisonniers s'étaient emparés; mais ils le retinrent et l'enfermèrent avec ses compagnons. Cependant, la marée les contrariant, ils furent obligés d'errer dans la baie jusqu'au 29 au soir, où, profitant d'une brume, ils la quittèrent en traversant au milieu de dix-sept bâtimens de guerre, tant vaisseaux que frégates, qui y étaient mouillés, et, enfin, gagnèrent les côtes de France, où ils entrèrent au Havre le 3 septembre. M. le duc de Penthièvre ayant été instruit, par le ministre de la marine, de l'intrépidité de ces braves gens, leur fit don du navire dont ils s'étaient emparés, et qui lui appartenait en vertu du droit qu'avait alors le grand-amiral sur les prises qu'on amenait dans les ports de France.

Celui qui tient dans sa main le sort des empires, et qui sait tout soumettre à l'ordre immuable qu'il a tracé depuis l'origine des temps, qui se joue de la sagesse, et fait servir la folie à l'accomplissement de ses desseins, semblait avoir permis que l'esprit de vertige se fût emparé des grands de la terre, pour donner aveuglément dans tous les projets, et seconder les établissemens qui pouvaient anéantir leur puissance. Nous venons de voir Louis XVI envoyant l'élite de son armée chez un peuple qui avait su, à force de courage, reconquérir ses droits; ce fut là que ces hommes, pour qui la trop longue habitude du bonheur le rendait sans aucun prix , se formèrent au jeu cruel des révolutions sans que le roi songeât qu'il était d'autant plus à craindre qu'ils s'imaginassent d'en opérer une en France, que celle qu'ils avaient sous les yeux n'offrait point ces scènes d'horreur que la résistance d'une partie d'un peuple vieilli oppose à l'autre. On se figura que ce qui avait réussi chez une nation sobre, vertueuse, accoutumée au travail et aux privations, s'opérerait aussi facilement en France; et on ne pensa pas à la corruption des mœurs, aux préjugés de la religion et de l'orgueil, à l'habitude du luxe et des commodités de la vie, à la foule d'intrigans qui devait exister dans l'immense population renfermée dans un pays qui, tout fertile qu'il est, ne pourrait nourrir la moitié de ses habitans, qui ne se livraient point à des combinaisons souvent désavouées par l'honneur. On crut qu'il ne fallait qu'un Washington pour établir en France la constitution anglo-américaine. On ne s'en cachait pas. Et Louis XVI ne vit point que chez un peuple aussi impétueux que le Français, des désirs à l'exécution il n'y a qu'un pas ; il continua à traiter en amis les Américains , sans prévoir que leur exemple pourrait lui devenir funeste. Mais ce n'était pas assez de cette faute si grave en politique, de la part de celui qui avait tant d'intérêt à conserver l'autorité ; toute la noblesse donna dans un autre piége, d'autant plus attrayant, qu'il était couvert des roses du plaisir.

Il existait, de temps immémorial, une société d'hommes connus sous le nom de *Maçons*, qui tiraient, suivant quelques-uns, leur origine de la Palestine, et qui s'honoraient d'avoir eu Salomon pour chef. Elle fut entièrement oubliée pendant quelques siècles, et parut ensuite en Allemagne, puis en Angleterre, où elle fut nombreuse. Le mystère qui environnait les travaux des maçons, alarma les rois ; ils furent persécutés ; on calomnia leurs mœurs ; on crut, non sans raison, que qui se cache, ne peut avoir que de mauvais desseins. Les papes les excommunièrent ; mais ils bravèrent les dangers, et continuèrent leurs assemblées, n'admettant d'abord qu'avec une extrême circonspection dans leur sein, ceux que l'on présentait. Ceux-ci étaient soumis à des épreuves si terribles, que quelques-uns mêmes en mourraient. De là, la coutume qui s'était introduite parmi eux de faire leur testament avant d'être admis ; encore, la plupart ne savaient pas ce secret si vanté qu'on ne pouvait trahir sans risque de la vie, et le grand nombre l'ignorant, finit par se persuader qu'il n'y en avait point.

Cependant, on ne peut plus douter qu'il existait très-réellement un secret, et qu'il n'était autre que la révolution qui devait embrasser le monde entier, comme les loges étaient répandues chez tous les peuples civilisés. La maçonnerie fut long-temps sans être permise en France ; c'était peut-être le peuple où elle pouvait avoir le moins de prépondérance. Le Français, naturellement léger et indiscret, n'aimant que le plaisir et la gloire, ne pouvait trouver de charmes à s'enfermer des heures entières, séparé d'un sexe dont il était idolâtre, et qu'il s'était accoutumé, depuis le commencement de la monarchie, à rendre le confident de tous ses secrets et le mobile de toutes ses actions. Aussi, tant que l'esprit de la chevalerie domina en France, celui de la maçonnerie fit peu de progrès ; et ce ne fut que vers le commencement du dix-huitième siècle qu'il s'y forma quelques loges. On aurait pu dire d'elles, comme le vieillard de Guernesey parlant du Calvinisme :

Faibles, marchant dans l'ombre, humbles dans leur naissance.

Mais lorsque le goût philosophique eut gagné toutes les classes, on trouva plus de charmes à ces assemblées secrètes, où l'on pouvait librement expliquer sa pensée et fronder les opinions reçues. Un ami y amenait un ami, les uns moitié par curiosité, les autres séduits par l'avantage que les voyageurs retiraient d'un établissement qui faisait trouver des frères dans toutes les grandes villes ; car ils se reconnaissaient à des signes, et recevaient les secours dont ils avaient besoin. Il faut convenir que la bienveillance était l'esprit de cette société, non-seulement pour ce qui y était admis, mais même pour tout ce qui était infortuné ; ce qui n'empêcha pas le peuple qui recevait d'eux des secours considérables, de les traiter de *sorciers* : injure terrible de la part de ceux qui croient le diable bien plus puissant pour faire le mal, que Dieu pour faire le bien.

Parmi le nombre de ceux qui furent

admis aux travaux vulgaires, il y en avait beaucoup qui voulurent égayer le sombre institut, et proposèrent ce qu'on appela, depuis, *loge de table*. Alors, l'esprit remplaça l'apparente sagesse. On fit des vers, des chansons, où, sans dévoiler les mystères, on employa les termes de la maçonnerie. Les frères ne purent résister au désir de faire part à leurs compagnes, de ces productions poétiques, et celles-ci souhaitèrent d'être admises dans l'ordre. On leur représenta l'indiscrétion dont on accuse, je crois fort à tort, ce sexe. On leur parla des épreuves comme fort au-dessus de leur faiblesse. Rien ne put les en détourner. Les premières, à ce que l'on assure, ne furent que le jouet des frères, qui ne leur donnèrent pas même une idée de leurs travaux ; leur mécontentement en dégoûta les autres : et ce ne fut que vers 1770 que l'on forma des loges régulières pour les femmes, où je puis assurer que la plus extrême décence présidait. Elles faisaient le serment de se taire, et elles n'avaient pas de peine à le garder ; car elles ne savaient rien. J'en donnerai, pour preuve, un discours maçonique d'une sœur oratrice. Son zèle pour cet établissement, dont elle ne prévoyait pas les suites funestes, lui avait fait désirer d'en pénétrer les motifs, et elle ne put réussir.

*Discours prononcé à la Loge de ***.*

« C'est à vous, mes sœurs, que je
» m'adresse : en vous faisant part de mes
» réflexions, c'est plutôt m'y fortifier
» que vous les faire sentir.

» Notre âme est de la même nature
» que celle de nos frères, et la différence
» de nos organes paraît seule la modi-
» fier. Ce feu immortel agit suivant la
» résistance qu'il éprouve ; la faiblesse
» de nos fibres en est plus fortement
» émue, et il semble qu'il s'échappe
» par tous les pores. De là, ce tact si
» fin, mais aussi cette irritabilité qui
» fait d'un rien, pour nous, l'affaire la
» plus importante ; de là, cette sensibi-
» lité excessive, qui use, si j'ose me ser-
» vir de cette expression, le feu de notre
» âme. Comment serions-nous capables
» de grandes choses ? nous employons
» dans les circonstances de notre vie
» les moins importantes, l'énergie qui
» nous eût été nécessaire dans les mo-
» mens de crise. Ne serions-nous que
» citoyennes, que nous devrions cher-

» cher à conserver sur nous cet empire
» si noble que nous donne le calme de
» l'âme ; mais, surtout, nous ne de-
» vons jamais perdre de vue les engage-
» mens sacrés dont nous ne connaissons
» pas l'étendue. Si nous réfléchissons
» que, depuis un nombre infini de siè-
» cles, des hommes se sont constam-
» ment unis pour le même objet, il
» faut qu'il ait un but bien important ;
» et sans chercher à le pénétrer par une
» inutile curiosité, mettons tous nos ef-
» forts à nous rendre dignes de la con-
» fiance de nos frères ; et qu'en trouvant
» en nous des compagnes douces et fidè-
» les, ils sachent aussi que nous sommes
» des sœurs courageuses, dont l'énergie
» n'a point été anéantie par une vie oi-
» sive, ou usée par les tracasseries de
» société.

» En tournant nos yeux vers l'Orient,
» nous aurons l'exemple de ce beau ca-
» ractère ; cette âme douce semble avoir
» été choisie par le **G. A.** de l'**U.**, pour
» montrer que la sensibilité peut être
» unie à la tranquillité. Tel un fleuve
» majestueux dont on n'aperçoit pas le
» cours, tant il est égal, arrive plus sû-
» rement à son but, qu'un torrent qui

» entraîne et détruit tout, se perd et
» s'égare : de même, son éloquence
» douce et persuasive rend le calme et
» la paix. Quelle âme fatiguée par le
» choc des passions ne trouve pas au-
» près d'elle le repos et la tranquillité!
» Je ne parle pas de ses grâces, de ses
» talens ; d'autres femmes peuvent par-
» tager avec elle ces avantages ; mais
» aucune ne méritera, n'obtiendra cette
» confiance sans bornes qu'elle ne de-
» mande jamais, et que ses vertus for-
» cent à lui donner. Je rends grâces à L.
» R. L. de la faveur qu'elle m'accorde,
» puisqu'elle me donne le droit de lui
» rendre cet hommage public. Et vous,
» mes sœurs, soit que vous ayez part aux
» dignités, ou que leur nombre n'ayant
» pu permettre de vous en décorer tou-
» tes, nous pouvons vous assurer que
» nous aurons toujours, pour notre di-
» gnitaire, la plus tendre vénération,
» puisqu'il n'est aucune de vous qui
» n'orna la première de toutes les ver-
» tus maçoniques. Et vous, aimables
» sœurs, qui les possédiez avant d'en
» avoir fait le serment; vous que les
» liens les plus sacrés unissent à M. V.
» G. M., qu'il est doux pour L. L. de

» vous voir prendre place parmi nous !
» Vous y venez compléter un nombre
» consacré dans la mythologie, par la
» réunion des talens et des sciences : la
» nôtre sera plus intéressante encore,
» par celle des vertus et des plus tendres
» sentimens ».

Dès que les femmes partagèrent les travaux ou plutôt les plaisirs purs de la maçonnerie, les loges se multiplièrent à l'infini. Il n'y eut point de cotterie qui n'eût la sienne ; ce n'étaient que fêtes, que bals : on jouait la comédie en loge, et les maçons français ne ressemblaient pas plus aux sombres roses-croix allemands et anglais, que nos premiers clubs littéraires ressemblèrent à ceux politiques qui ont donné naissance à l'infernale société des jacobins : mais, dans les uns et dans les autres, il y avait de ces hommes qui vont toujours à leur but, quelque chemin qu'ils paraissent prendre. Et au milieu des jeux et des ris, on formait la chaîne mystérieuse qui confondait les états ; on n'employait que le nom de *frère* pour un prince comme pour le dernier servant ; on accoutumait les oreilles chatouilleuses de nos jolies femmes, au mot *égalité*, et l'orgueil-

leuse duchesse et l'impertinante finan-
cière étaient obligées de se soumettre au
réglement du grand-maître, et d'oublier
tous les grands airs , pour être douces et
affables avec tout ce qui non-seulement
était admis dans la loge , mais même
avec les visiteurs des autres. Si on bles-
sait leur amour pour les distinctions de
la société , on les en dédommageait en
louant sans cesse leur esprit, leurs grâces , leurs talens, même leurs vertus ; et
la fumée de l'encens , quel que fût l'autel où on le brûlait , enivrait de même
leur faible cerveau. Les plus grandes
dames de l'Europe prétendirent à l'honneur de la truelle ; et la reine de Naples , qui ne doit pas être à s'en repen-
tir , obtint, de son mari , que les maçons qu'il avait bannis de son royaume,
y seraient rappelés , et réintégrés dans
tous leurs droits.

M. de Chartres, qui avait fait plusieurs
voyages en Angleterre , était initié à tous
les mystères des maçons, et la faction qui
projetait déjà la subversion de l'ordre
social, le conduisait, sans qu'il s'en dou-
tât, au but qu'elle se proposait, persuadée
que ces réunions, qui paraissaient si frivoles par le genre des travaux des sœurs,

pouvaient être utiles au projet qu'elle avait conçu de renverser du trône la branche régnante, pour y placer un chef de son choix, qui n'aurait d'autres prérogatives que celles du président des États-Unis, avec la seule différence que cette place serait héréditaire. Elle avait, depuis long-temps, jeté les yeux sur le duc, en le nommant *grand Orient de France :* ce qui lui donnait un nombre de partisans dans la classe la plus éclairée et la plus opulente du royaume. Pour cacher ces trames, il fut proposé, dans le conseil secret, de faire madame la princesse de Lamballe grande-maîtresse. On ne put l'y déterminer qu'en lui disant, ce qui était vrai, que ces associations étaient d'une grande utilité pour les malheureux, et que sa présence ne ferait encore qu'exciter la générosité des frères. Et quoiqu'elle eût un secret éloignement pour ces assemblées, comme elle était loin d'imaginer que des apparences si vertueuses cachassent des projets si destructeurs pour la maison royale, elle accepta. Le jour indiqué pour recevoir la princesse, fut le 20 février 1781. Elle se rendit à la mère-loge, écossaise d'adoption, avec ses dames, qui furent admises avec elles, ainsi que d'autres femmes : leurs noms illustres, ou la réputation de leurs vertus, rendaient ce cortége digne de celle qui allait les présider. M. de Beaumanoir, secrétaire de la loge, chanta, pendant le banquet, des couplets que je vais rapporter, pour faire connaître quel était l'esprit des loges de femmes où il eût été difficile de reconnaître ces farouches jacobins qui sortirent, peu d'années après, de celles des hommes, qui se réunissaient, comme nous l'avons dit, aux sœurs, sans leur laisser pénétrer le but de cette institution entièrement énigmatique pour la plupart.

COUPLETS MAÇONIQUES.

Aux sœurs DE BROT *et* DE LASCAZES, *auxquelles
la Loge doit son bonheur. C'est à la sollici-
tation de ces deux dames „ dont la première
avait fait le voyage de la Hollande avec
madame la princesse de Lamballe , qu'on
les peut attribuer.*

Air *d'Epicure.*

NOTRE bonheur est votre ouvrage ;
Nous devons tout à la beauté :
Sur ce trône, votre courage
A fixé la Divinité :
Jamais de l'Etre qu'on adore
On ne pourra priver ces lieux ;
Toujours la bienfaisante Aurore
Allume le flambeau des cieux.

Porté sur un sombre nuage,
Un injuste et triste soupçon
Voulait , dans son aveugle rage ,
Troubler ce tranquille horizon.
Sous vos efforts , belle Lascazes ,
Nous voyons ce monstre abattu ,
Et nous devons Vénus aux Grâces ,
Et les Grâces à la Vertu.

A la sœur Soyecourt *, représentant la sérénissime Grande-Maîtresse.*

Air : *Dans les Gardes-Françaises.*

Las d'éclairer ce monde,
Quand, descendant des cieux,
Phébus, au sein de l'onde,
Roule son char de feux,
D'une douce lumière
Sa sœur brille à son tour,
Et console la terre
De l'absence du jour.

Lorsque, quittant la terre
Et ces paisibles lieux,
La reine de Cythère
Montera dans les cieux,
De sa cruelle absence
Consolant les Vertus,
La douce Bienfaisance
Remplacera Vénus.

———————

A la sœur Tolozan, *Inspectrice.*

Air : *On ne peut aimer qu'une fois.*

Tout un climat reçoit vos lois,
Aimable souveraine :
Le Plaisir vole à votre voix
Pour serrer notre chaîne :
L'esclave, couronné de fleurs,
Eteint sa voix plaintive ;
Si la beauté surprend les cœurs,
La gaîté les captive.

———————

A là sœur DEROULIÉ, *Oratrice.*

Air *de l'Amour quêteur.*

EN nous annonçant le devoir,
Et d'une mère et d'une épouse,
Votre voix éloquente et douce
Sur nos cœurs a tout pouvoir ;
Vous ramenerez dans ce temple
Les plaisirs d'un âge innocent ;
On convertit aisément,
On convertit aisément,
Quand on prêche d'exemple,
Quand on prêche d'exemple.

———

A la sœur DE MONTALEMBERT, *Secrétaire.*

Air : *Je suis Lindor.*

L'AMOUR, sachant qu'au temple du Mystère,
De la vertu vous traceriez les lois,
De cette plume aussitôt il fit choix,
Et l'arracha de son aile légère.

Il vous la fit présenter par sa mère :
Vous l'acceptez... Quel heureux changement !
Depuis ce jour l'Amour est plus constant ;
La Sagesse est moins triste et moins sévère.

———

A la sœur D'HINNISDAL , *Chancelière.*

Air *de Joconde.*

ENCORE dans cet âge brillant
Où l'on ne veut que plaire ,
Elle suit l'exemple touchant
Des vertus de sa mère.

Le Bonheur, empruntant sa voix,
  En fait son interprète ;
Et quand Vénus dicte ses loix,
  La Vertu les répète.

Aux sœurs DE LOSTANGES *et* DE BOYNES *,*
Aumônières.

Air : *La lumière la plus pure.*

MALHEURÉUX, séchez vos larmes,
La vertu tarit vos pleurs ;
Plus de soucis, plus d'alarmes,
Aux plaisirs ouvrez vos cœurs.
Ne craignez plus l'indigence :
Attentive à vos besoins,
La sensible Bienfaisance
Vous prodigue tous ses soins.

A la sœur DE LASCAZES *, remplissant les*
fonctions de sœur Terrible.

Air : *Aimer est un plaisir bien doux.*

Sı l'Amour, qu'on nous peint charmant,
  Est un dieu redoutable ;
Si ce timide et faible enfant
  Est un monstre effroyable ;
S'il prétend troubler la douceur
  De ce temple paisible,
Qu'à juste droit, charmante sœur,
  Vous êtes sœur Terrible.

Aux Sœurs des Cérémonies.

Air : *Dans ma Cabane obscure.*

POUR diriger ce temple,
Esprit, beauté, talens,
Se sont unis ensemble
Des nœuds les plus charmans.
Ainsi, lorsqu'à Cythère
Le souverain des cœurs
Fête et reçoit sa mère,
Ses sœurs font les honneurs.

———

A toutes les Sœurs de la Loge.

Air : *Tandis que tout sommeille.*

DANS nos temples paisibles,
Venez, charmantes sœurs,
Partager les douceurs
Des cœurs purs et sensibles,
  L'égalité,
  L'humanité ;
Voilà nos lois suprêmes.
Ici, pour soumettre les cœurs,
La Vertu se couvre de fleurs :
Quand on en goûte les douceurs,
On s'égale aux dieux-mêmes.

———

Aux Sœurs des Loges de la Candeur et de la Fidélité, qui ont fait à la Loge la faveur de venir la visiter.

Air : *Fournissez un canal au ruisseau.*

LORSQUE vous éclairez nos travaux,
Quand vous partagez cette fête,

Vous ajoutez des charmes nouveaux
Aux plaisirs que l'amour nous apprête ;
Vous fixez la félicité
Dans tous les beaux lieux où vous êtes :
Il n'est point de fêtes parfaites ,
Sans candeur, sans fidélité.

RONDE DE TABLE.

Air : *Sans un petit brin d'Amour.*

CHANTONS nos aimables sœurs ,
Couronnons-les de pampres et de fleurs ;
Dans leurs yeux est le bonheur,
L'amour est dans nos cœurs.

Le chœur.

Chantons nos aimables sœurs , etc.

L'amour n'est rien sans l'ombre du mystère ;
L'amour est tout s'il est discret.
C'est peu d'aimer, il faut être sincère,
Des vrais maçons c'est le secret.

Le chœur.

Chantons nos aimables sœurs , etc.

L'Amour maçon est fils de la Sagesse ;
Elle forma des nœuds si doux !
Des vrais plaisirs goûtons la pure ivresse ;
Aimons nos sœurs, et taisons-nous.

Le chœur.

Chantons nos aimables sœurs , etc.

A leur santé buvons, buvons nos frères ;
Vénus ordonne, il faut céder :
Quand la Beauté daigne remplir nos verres,
C'est à l'Amour à les vider.

Le chœur.

Chantons nos aimables sœurs, etc.

La princesse, pénétrée de reconnaissance des témoignages de l'affection qu'elle avait reçus des frères et sœurs, le leur exprima avec cette grâce touchante qui la caractérisait, et continua d'honorer de sa présence leurs travaux, toutes les fois qu'elles s'assemblaient. Son exemple fut suivi de toutes les femmes agréables de Paris ; et il n'était pas du bon ton de n'être pas maçonne. Les petites villes de province avaient aussi des loges, où, pour faire nombre, on admettait tout ce qui était en état de payer la contribution imposée pour les frais. Ce n'était que festins ; et on peut dire que les traiteurs étaient ceux qui y gagnaient le plus. Cependant, il faut en convenir, on aurait pu tirer un grand avantage de ces associations, si on ne s'y était proposé que le but apparent vers lequel on paraissait tendre ; celui de répandre les principes de vertu qui, comme le dit M. de Boufflers, consistent principalement dans la bienveillance et la sensibilité éclairée du flambeau de la raison. Il était difficile, pour ceux qui ne trempaient pas dans le complot, de sortir des loges sans avoir au moins le désir de devenir meilleurs: Tout y portait un caractère de décence, d'union, qui ressemblait si peu au tableau de la société, qu'on se croyait transporté dans une autre sphère; et, cependant, de là sont sorties toutes ces scènes d'horreurs qui ont épouvanté la nature : comme si les scélérats qui avaient réuni autour d'eux la plus grande partie de ce qu'il y avait d'aimable et de vertueux en France, eussent voulu se dédommager de la contrainte qu'ils s'étaient imposée pour les tromper, en se livrant avec plus de fureur à toute l'atrocité de leur caractère !

Tandis que les factions tramaient dans l'ombre leurs affreux complots, la reine avançait heureusement dans sa seconde grossesse, et donna le jour à un fils. L'accident cruel qu'elle avait essuyé à sa première couche, avait fait prendre la résolution de ne lui apprendre le sexe de l'enfant qu'elle devait mettre au monde, que quatre jours après sa délivrance; et tandis que tout Paris, et bientôt toute la France, se livrait à la joie la plus vive de la naissance d'un Dauphin, la reine, incertaine si ses vœux avaient été accomplis, attendait avec la plus grande impatience que l'on pût l'en instruire. Le roi, qui brûlait d'épancher dans son sein la joie qu'il ressentait de cet heureux évènement, s'approche de son lit; et jugeant que sa santé était si bonne, qu'il n'y avait aucun danger de hâter sa satisfaction, dit à madame de Lamballe, qui était assise sur un pliant au pied du lit : Ordonnez, madame, qu'on apporte M. le Dauphin à la reine. Marie-Antoinette ne put retenir les transports qu'une si heureuse nouvelle lui causait; et, jetant ses bras autour du cou du roi, elle le serra contre son sein sans pouvoir proférer une parole : puis, prenant son fils, elle le couvrit de baisers, et fit les vœux les plus touchans pour son bonheur. Le ciel les exauça, car il mourut avant les jours de deuil et de désolation de sa famille. Madame la princesse de Lamballe fut la première

à marquer à la reine la douce satisfaction qu'elle ressentait de sa félicité :
elle était extrême. La reine, dont le
caractère avait pris plus de solidité, ne
pouvait plus se contenter des objets frivoles qui avaient occupé sa jeunesse ;
elle sentait, outre le bonheur toujours
si grand pour une mère, d'avoir un
fils, que rien ne pouvait accroître autant son crédit que la naissance de cet
enfant, non-seulement auprès de son
époux, mais même de la cour. La mère
de l'héritier présomptif du trône a toujours été un être dont on ménageait
même les caprices. On n'ignorait pas en
France que par une des mille incon-
séquences de nos lois, celles qui étaient
exclues du droit à la couronne, ne l'é-
taient pas de la régence ; coutume d'autant plus dangereuse, que nos princes
prenant presque toujours leurs compagnes dans les nations voisines, lorsqu'elles étaient chargées, après la mort
de leurs époux, du gouvernement, elles
appelaient au conseil des étrangers qui
causaient trop souvent des troubles dans
le royaume. Telle on vit la fronde,
sous la minorité de Louis XIV, n'avoir
d'autre motif que la haine du peuple et

des grands contre le cardinal Mazarin. Mais enfin tel était l'usage ; et le courtisan qui est aussi occupé de ce qui sera, que de ce qui est, ne pouvait manquer de ménager celle dont il pensait que dépendrait un jour la faveur. M. le comte et madame la comtesse d'Artois, qui aimaient tendrement la reine, partagèrent sincèrement l'allégresse publique, sans penser qu'un Dauphin ôtait à leurs enfans l'espérance de porter la couronne.

La personne de la famille royale qui partagea avec plus d'ivresse cet évènement heureux, fut madame Elisabeth ; elle adorait son frère, et la reine était l'objet de ses plus tendres affections. Cette âme céleste semblait destinée par la nature à donner le modèle de l'amour fraternel ; et, en effet, quel sentiment pouvait mieux convenir à la pureté de ses affections ! Amour dont les chaînes formées dès le berceau conservent l'innocence de ce premier âge, toi seul échauffe nos cœurs, sans les livrer au ravage des passions. Mon frère, ma sœur, noms doux et sacrés ; malheur à l'être isolé qui ne les a jamais prononcés ! Quel rapport dans le goût, dans les habitudes, entre des enfans formés dans le même sein, qui

croissent ensemble sous les yeux des auteurs de leurs jours, qui se plaisent à gra-
ver dans leurs âmes les mêmes principes!
Rien de ce qui intéresse l'un ne peut
être indifférent à l'autre. Gloire, plaisir, fortune, tout est commun entr'eux.
Et s'il se trouve des êtres assez dépravés
pour ne pas éprouver la douceur de cette
union, cette erreur ne peut venir de
la nature : qu'on en cherche les causes
dans la conduite de leurs parens, et
non dans l'ordre établi par celui qui
voulut au moins conserver dans l'intérieur des familles ces liens si tendres,
qui eussent dû être ceux de l'univers,
puisque tous les hommes tirent leur
origine du même père. Mais, combien
la vertu ajoute à l'énergie du sentiment!
Combien madame Elisabeth trouvait de
bonheur à chérir son frère, et à partager sa vive tendresse pour la reine!
Leurs enfans étaient les siens; et renonçant, par attachement pour ce frère
chéri, aux douceurs de la maternité,
elle en ressentait la tendresse, en serrant contre son cœur l'illustre rejeton
de ces époux qui lui étaient si chers.

Tous les ordres de l'état s'empressèrent
à témoigner à Dieu leur reconnaissance

sur la naissance du Dauphin, par des bienfaits multipliés envers les infortunés. Et l'on pense bien que les maçons ne manquèrent pas de mettre autant d'éclat aux bonnes œuvres qu'ils firent à cette occasion, qu'ils mettaient de mystère dans leurs motifs. Les loges des femmes au moins ne peuvent être accusées de n'avoir pas suivi les sentimens de leur cœur ; et d'accord avec la grande-maîtresse, elles consacrèrent à faire partager leur joie aux indigens, une partie de ce que tant d'autres emploient à d'inutiles superfluités ; elles marièrent des filles d'artisans, pauvres et vertueuses ; elles délivrèrent des pères de famille enfermés faute de pouvoir payer des mois de nourrice, et placèrent des orphelins pour apprendre des métiers : aussi tous furent heureux de la naissance de cet enfant, dont un jour on proscrivit le père. —

Cependant la bonne ville de Paris, la fille aînée du roi, comme l'appelait Henri IV, réclama le droit qu'elle avait de traiter la famille royale à la naissance du Dauphin. Madame la princesse de Lamballe se rendit à la Muette, où toute la cour se rassembla, et monta dans le carrosse de la reine, où étaient madame Elisabeth, madame la duchesse de Bourbon et madame la princesse de Chimay, pour venir à l'Hôtel-de-Ville de Paris, où le roi, tous les princes et les princesses de la maison royale se trouvèrent. Avec quel respect, quel amour ils y furent reçus ! et combien ce monarque infortuné ne dut-il pas sentir douloureusement la différence de cet accueil avec celui qu'on lui fit dans le même lieu sept ans après !

Une table de 70 couverts fut servie de la manière la plus somptueuse. Madame la princesse Lamballe était à côté de madame Adélaïde ; c'était le printemps et l'automne : mais l'esprit, qui ne vieillit jamais, rendait la tante du roi encore si aimable, que madame Lamballe, qui en avait beaucoup, trouva le repas court, quoiqu'il durât près de deux heures. La reine était dans tout l'éclat de la beauté, et s'attira tous les cœurs, par les grâces qu'elle savait mettre aux moindres choses. Le roi, qui détestait les cérémonies d'éclat, parut assez ennuyé : d'ailleurs, il avait des goûts particuliers pour sa nourriture, tels que la viande de boucherie presque brûlée ; et quoique ce fussent les officiers de sa bouche qui eussent préparé le repas que donnèrent les prévôts des marchands et échevins de Paris, il ne s'en trouva point. On avait servi devant S. M. une carpe du Rhin, qui avait coûté 4,000 fr. Elle se trouva dure; le roi le dit, et n'en mangea qu'une bouchée. Henri IV et même Louis XV auraient vanté sa beauté, et auraient paru la trouver excellente : mais Louis XVI disait franchement ce qu'il pensait; et comme il ne pensait rien que de vertueux, il ne croyait pas qu'il eût besoin de se plier aux formes agréables; et, comme nous l'avons déjà dit, ce fut ce qui précipita sa chute.

Le Français veut, avant tout, qu'on soit aimable, et la vertu sans les grâces n'est rien pour lui; et malheureusement jamais homme n'en eut moins que l'infortuné Louis XVI. Ah! que ceux qui s'attachaient à des choses aussi frivoles, n'ont-ils lu dans son cœur! Ils lui auraient pardonné l'acerbité de ses manières en faveur de la bonté qui en faisait l'essence. Le roi fut servi par le prévôt des marchands, la reine par madame de Laporte, nièce de ce magistrat; les princes et princesses par les échevins, le procureur du roi et le receveur de la ville. Après le dîner, on passa dans la salle du jeu, qui dura une heure et demie ; puis, on rentra dans celle où l'on avait dîné, pour voir le feu d'artifice. Les précautions pour qu'il n'arrivât pas un évènement aussi désastreux qu'aux fêtes du mariage, avaient été portées à l'excès, jusques à faire tenir dans l'Hôtel-de-Ville, des chirurgiens avec de la charpie et de l'eau-de-vie camphrée : comme si quelques fusées eussent été aussi dangereuses que des décharges d'artillerie un jour de bataille !

Le Parisien, qui, dans ce temps-là, n'était que plaisant, fit des épigrammes et des chansons contre le prévôt des marchands, comme il avait coutume de faire à toutes les fêtes que l'on donnait à Paris, connues sous le nom de *réjouissances*. Mais il pensa arriver une rixe entre les gendarmes de la garde et les chevau-légers, dont les effets eussent été bien cruels : peu de personnes ont été instruites de cette anecdote ; mais je la tiens d'un de mes amis qui servait dans les gendarmes.

M. le maréchal de Soubise, toujours magnifique à son ordinaire, quoiqu'ac-

cablé de dettes, malgré son immense revenu, avait donné à dîner à tout le détachement des gendarmes dont il était
commandant, et qui étaient au nombre
de cent. En arrivant dans la galerie où
se donnait le concert des amateurs, ils
trouvèrent le couvert mis, leurs noms
sur leurs serviettes, et cent hommes à
la livrée du commandant pour les servir ; car le maréchal avait poussé l'attention jusqu'à donner ordre qu'il y eût
une table pour les valets des gendarmes,
qui dînèrent en même temps que leurs
maîtres. Mais ce qui tenait au luxe de ce
temps, c'est que ce repas destiné à de
vieux militaires, fut servi avec l'extrême
délicatesse qui distinguait la bouche du
prince de Soubise, qui, même sous
Louis XV, passait pour faire meilleure
chère que le roi. On but à la santé du
roi, à celle du maréchal, et on but
beaucoup, les vins étant aussi exquis
que les mets. On n'avait qu'une heure
pour être à table, et elle fut bien employée : on en sortit assez échauffé. La
troupe monte à cheval, gagne les environs de la ville, et se trouve rangée en
bataille devant les chevau-légers. Le ca-
non des Invalides, de la Bastille, de la

ville, par des salves multipliées, annonçait l'instant où on allait tirer le feu ;
les chevaux trépignaient et semblaient
appeler le combat : leurs maîtres éprouvaient peut-être intérieurement le même
désir ; et soit qu'il y eût un levain d'ancienne jalousie entre les deux corps, soit
que les chevau-légers ne rendissent pas
assez promptement le salut du sabre que
les gendarmes leur firent en arrivant sur
la place, il s'éleva dans les rangs plusieurs voix qui dirent assez haut pour
être entendues : Tombons sur ces blancs-
becs, et apprenons-leur ce qu'ils doivent au plus ancien corps de la cavalerie
française. Heureusement qu'il se trouva
parmi ces héros de Fontenoy, des hommes
sensés qui arrêtèrent l'impétuosité de
leurs camarades ; car c'eût été une affreuse boucherie, qui aurait changé cette
fête en un deuil universel. Un moment
après, la cour remonte en voiture, et
chaque troupe reprenant son rang, ne
pensa plus à se battre. On revint à la
Muette, d'où la princesse de Lamballe
se rendit à Sceaux.

Ce fut vers ce temps qu'elle tint avec
M. le duc de Penthièvre, sur les fonds
de baptême, le fils du marquis de Mas-

siac et de mademoiselle de Bongard, fille de l'intendant de Saint-Domingue. Jamais homme n'avait fait un rêve de fortune aussi extraordinaire que le père de cet enfant. Il était parent assez éloigné de M. de Massiac, ministre de la marine sous Louis XV, qui avait épousé la veuve de M. Gourdan, premier commis ; elle lui avait apporté beaucoup d'argent, qui, joint à ses richesses, formaient un revenu très-considérable. Ils n'eurent point d'enfans ; madame de Massiac, à la mort de son mari, continua à celui dont M. de Penthièvre et madame de Lamballe nommèrent l'enfant, une pension de 1200 francs, que son parent lui faisait, pour l'aider à se soutenir au service de la marine, où il était parvenu au grade de lieutenant de frégate. Il mettait beaucoup d'ordre dans sa modique position, et tremblait que la mort de la vieille madame de Massiac, qu'il n'avait pas vue quatre fois, ne le privât de la pension qui lui était bien nécessaire ; car il ne possédait que ses appointemens, lorsqu'il apprit à Toulon, où il était pour l'instant, que celle à qui il n'était rien, et qui avait des parens assez proches, l'avait institué légataire

universel d'une succession dont le seul
mobilier était évalué à plus d'un million.
Je le vis à son arrivée à Paris, où un de
ses anciens camarades me le présenta.
Jamais homme ne fut plus enivré de
passer, en un jour, de la plus extrême
médiocrité à une existence si brillante;
il ne savait à qui le dire, et parlait sans
cesse de ses diamans (car il en avait pour
une somme très-considérable), de ses
meubles précieux, de son or, et surtout
de son magnifique hôtel. Il était d'une
figure assez peu intéressante, ne manquait pas d'une sorte d'esprit; mais la
fortune l'avait tellement étourdi, qu'il
parlait sans cesse et avec aussi peu d'ordre
et de sens qu'un homme qui aurait été
surpris par des odeurs très-fortes qui lui
porteraient au cerveau. Enfin, il ne parut digne à personne de l'extrême préférence que madame de Massiac lui avait
donnée sur tant d'autres, et par la seule
raison qu'il était parent de nom de son
mari, nom qu'elle ne s'était trouvée si
flattée de porter, que parce qu'il lui
avait procuré l'avantage d'être présentée;
aussi ne manquait-elle pas, tous les premiers de chaque année, d'aller faire ses
révérences; et lorsque la vieillesse et les

infirmités ne lui permirent plus de se
rendre à Versailles, elle ne s'en mettait
pas moins en grand habit, afin que ceux
qui lui rendaient les visites d'usage crus-
sent qu'elle venait de faire sa cour.

C'est ainsi que la fortune accable de
ses faveurs quelques hommes, tandis
qu'elle laisse souvent les familles les plus
intéressantes en proie aux dernières extrémités, pour donner à ses favoris le
plaisir délicieux de venir à leur secours ;
car, il faut en convenir, c'est dans cette
jouissance que consiste le véritable bonheur des richesses.

On avait inséré dans le journal de
Paris, des premiers jours de mai 1782,
un article qui portait en substance,
qu'une famille infortunée, et dont l'existence était d'autant plus malheureuse,
que née dans la classe alors privilégiée,
elle n'avait pas connu le malheur, jusqu'à l'instant où la banqueroute d'un
banquier de Bordeaux, qui avait entre
ses mains toute sa fortune, l'avait ré-
duite au dernier degré du malheur.
Après avoir épuisé, pour subsister et payer
quelques dettes, que les déplacemens
indispensables dans cette malheureuse
affaire leur avaient occasionnées, la va-

leur de leurs meubles, argenterie, bi-
joux, ils s'étaient même vus forcés de
se priver de leur linge.. Le père, âgé
de plus de soixante ans, avait, sur la
certitude de ses propres ressources, sous-
crit un billet de 5ooo francs, qu'un débiteur, homme riche,, et par conséquent
dur, exigeait d'une manière si impé-
rieuse, qu'il avait, obtenu une prise de
corps contre cet infortuné qui se trouva
forcé d'échapper, par la fuite, à la perte
de sa liberté ; et, dans la crainte d'être
mis en prison, il se tenait caché dans
un grenier, où il souffrait des incommodités plus grandes peut-être que celles
qu'il voulait éviter. Sa femme,, beaucoup moins âgée que lui, l'avait rendu
père de cinq enfans, dont l'aîné n'avait
pas encore dix ans. Cette nombreuse famille, qui avait fait sa gloire et son bonheur, devenait pour elle, par ses besoins renaissans et qu'elle était hors d'é-
tat de satisfaire, un sujet continuel de
désespoir. Quelques secours momentanés
prolongeaient leur vie sans la rendre
moins pénible ; et réduits aux dernières
extrémités, ils prirent le seul parti qui
leur resta, ce fut de faire connaître à
leurs concitoyens, leurs malheurs, dans

l'espoir qu'ils daigneraient les terminer.
Ces plaintes arrachées par la douleur,
retentirent dans les âmes sensibles; et le
notaire qui avait été indiqué, par le même
journal, pour recevoir les dons que l'on
voudrait faire au comte de *** et à sa
famille, eut bientôt une somme assez
considérable pour acquitter le billet, et
donner à ces infortunés, outre le bonheur d'être réunis, la possibilité de se
relever de leur affreuse misère. Parmi le
nombre de leurs bienfaiteurs, un garda
l'anonyme; mais la valeur du don et
quelques autres indices apprirent bientôt à l'homme bienfaisant qui s'était
chargé de recueillir ce que l'humanité
ferait pour alléger les souffrances de cette
intéressante famille, que cette générosité
ne pouvait venir que de madame de Lamballe; et il ne se trompa pas.

Dans le même temps, elle envoya
600 francs à Auxerre, pour être déposés
entre les mains du curé d'une des pa-
roisses de cette ville, qui avait ouvert
une souscription en faveur de Jacques
Droin, caporal dans la compagnie de
Soulaigre, régiment colonial de Cayenne.
Cet infortuné languissait depuis vingt-
trois ans dans les prisons d'Auxerre,

pour n'avoir pu payer un billet de 1947 liv. Ce vieillard réclamait sa liberté en faveur d'une loi qui ne permettait point, passé soixante-dix ans, à un débiteur de retenir son créancier dans les fers. Il prouvait, par sa cartouche, qu'il était parvenu à cet âge; mais cette preuve ne fut pas admise, on exigeait un acte de naissance. Il était de St.-Georges en Nivernois, dont les registres ne remontaient point jusqu'à l'année où il était né. Une enquête par témoins pour un septuagénaire était une chose presqu'impossible; ainsi, il fallait que le malheureux Droin mourût dans la captivité, si personne ne venait à son secours : mais 600 livres que notre aimable princesse avait données, faisait déjà presqu'un tiers de la somme; les deux autres tiers furent bientôt complétés. Le barbare débiteur une fois payé, laissa sortir cet infortuné, qui aussitôt qu'il eut recouvert sa liberté, en profita pour parcourir toutes les rues d'Auxerre. Frappé des changemens qu'il y rencontrait, il entre dans plusieurs maisons, où il était reçu avant sa détention; mais il n'y trouve pas un seul individu de sa connaissance, tous étaient morts ou avaient

changé de demeure. Vingt-trois ans sont
pour un seul homme, ce que sont des
siècles pour une nation, et encore était-
ce dans un temps où aucun évènement
extraordinaire ne précipitait le cours de
la nature. Qu'aurait-ce été s'il avait recouvert la liberté dans ces années qui
suivirent celles où la hache de nos tyrans
faisait tomber chaque jour les hommes
et les édifices dans la nuit des temps?
C'est alors que non-seulement il n'aurait
reconnu aucun de ceux qui lui témoi-
gnaient autrefois de l'amitié, mais même
il aurait inutilement cherché ces monumens qui servaient de point de rallie-
ment dans les grandes cités : là où il
avait vu un temple, il aurait trouvé une
caserne; ces maisons ci-devant occupées
par les heureux du siècle, où régnait le
repos, transformées en ateliers de forges;
celle de l'honnête père de famille, occupée par des scélérats à grandes mous-
taches et à bonnets rouges, dont l'hi-
deux aspect, en les voyant sortir de
ces maisons, n'aurait pas permis de les
reconnaître pour avoir servi autrefois de
retraite à la vertu. Mais, quoique le
torrent révolutionnaire n'eût point bou-
leversé nos villes, Jacques Droin ne fit

que d'inutiles recherches ; et revenant à la prison, il demanda, comme par grâce, au geolier de le recevoir, et de lui conserver la chambre qu'il avait occupée pendant tant d'années, jusqu'à ce que sa femme fût arrivée. La souscription avait dépassé de près de 300 liv. la somme que Droin avait à payer : le digne pasteur voulait les lui remettre. — Non, lui dit-il, je ne veux pas toucher à cette somme que ma bonne vieille ne soit ici. Je veux qu'elle ait tout à-la-fois le plaisir de me revoir, et de pouvoir disposer de ma petite fortune, pour nous procurer les moyens de finir doucement notre vie. La femme Droin arriva effectivement peu de jours après. Qu'on se figure la joie de ce couple séparé depuis tant de temps ; ils croyaient qu'un songe les abusait, tant l'espoir avait fui de leur cœur ; ils ne savaient comment exprimer leur reconnaissance au digne ministre des autels, à qui ils devaient tant de biens réunis. — Vous ne me devez rien, leur disait-il ; mais tout aux âmes sensibles qui ont été touchées de vos maux, et qui se sont empressées de les finir. Voici la liste des noms, telle que je l'ai recueillie. A mesure que le curé les nommait, le bon. Droin et sa femme le priaient de les remercier, comme s'il avait pu les connaître tous. Mais quand, au n°. 150, il lut qu'un anonyme envoyait 600 liv. pour délivrer Droin des prisons, celui-ci, sans réfléchir que la modestie de la princesse ne laissait pas la possibilité de lui témoigner sa reconnaissance, s'écria : Ce don ne peut venir que d'une main aussi riche que généreuse. Puisse le ciel le lui rendre au centuple ! — Ah ! monsieur le curé, ne manquez pas de lui dire que je prie Dieu de lui donner des enfans, si elle n'en a pas, et si elle en a, de faire qu'ils lui ressemblent, parce que leur fortune sera le patrimoine des pauvres. Les vœux que formait un cœur simple ne pouvaient être exaucés ; le dominateur de toutes choses ayant permis que le flambeau de l'hymen s'é-teignît pour cette tendre épouse, avant qu'elle eût joui du bien d'être mère. Combien de fois n'avait-elle pas regretté ce bonheur ! Combien les paroles du vieux soldat que le curé d'Auxerre fit mettre dans les journaux, l'attendrirent et renouvelèrent ses regrets ! Et cependant, si elle avait su quelle serait sa fin déplorable, combien n'aurait-elle pas remercié la providence de n'avoir pas eu d'enfans ! la terreur pour leur sort à venir aurait encore ajouté, s'il eût été possible, aux angoisses de sa pénible agonie.

La France a toujours été l'objet de la curiosité des plus illustres voyageurs. Pierre-le-Grand y vint chercher les premiers principes de civilisation, et les premières notions des beaux-arts qu'il donna à la nation russe. Petrowist, fils de l'immortelle Catherine II, n'aurait pas cru avoir rempli le but qu'il se proposait, en parcourant l'Europe avec son auguste épouse, s'il n'était pas venu dans la patrie des grands hommes, qui ont, depuis tant de siècles, illustré la France. D'ailleurs, Louis XVI, mieux connu dans les cours étrangères que dans ses propres Etats, jouissait d'une estime particulière; et il semblait que les souverains, ou ceux qui prétendaient au trône, se plussent à venir rendre hommage aux vertus simples et modestes d'un roi ami de l'ordre et de la paix. L'héritier du vaste empire qui s'étend dans les deux plus intéressantes parties de la terre, arriva à Versailles, avec la grande-duchesse sa femme, sous le nom de comte et comtesse du Nord.

Le 20 mai 1782, ils furent présentés à la famille royale et à madame de Lamballe, par le prince Bariatinski, ministre plénipotentiaire de Russie, et par M. de Vergenne. On s'empressa de leur prouver que de tous les peuples civilisés, il n'y en a point de plus hospitalier que le Français, et chez qui l'étranger reçoive un accueil plus favorable. Je suis loin de vouloir diminuer ce mérite dans mes concitoyens ; mais je ne puis cependant m'empêcher de dire que cette bienveillance pour tous ceux qui viennent les visiter, tient à deux causes : leur extrême confiance qui leur fait croire qu'on les aime, leur extrême curiosité et leur goût pour le changement, qui les rend avides de tout ce qu'ils n'ont pas encore vu. Ces qualités nationales sont, il faut l'avouer, celles de l'enfance ; mais qui ne sait pas que les Français, en général, sont de grands enfans ? On était donc enchanté de voir un prince venant de Moscow, et tout le monde se portait sur ses pas ; cela seul valait des fêtes, car la multitude, qui n'est mue que par un sentiment de bienveillance, anime tout, et sa diversité parerait les lieux les plus sauvages. Qu'on se figure donc combien dans le plus beau mois de l'année, devaient paraître brillantes les maisons enchantées de nos princes, qui s'empressaient à l'envi de fêter les illustres étrangers ; quelquefois se dérobant à la foule qui les suivait sans cesse, ils se livraient aux observations que faisaient naître tant de monumens respectés par le temps, et que notre insouciance pour tout ce que nous possédons, nous rend indifférens.

Ils visitèrent le tombeau de nos rois, plus empressés de voir le lieu où reposaient Henri IV, du Guesclin et Turenne, que les saintes curiosités connues sous le nom de *trésor*, dont l'histoire répétée chaque jour par le bénédictin chargé de le montrer au public, n'avait rien de bien merveilleux. Mais, quel sujet de réflexions pour celui qui devait être appelé à la suprême puissance, que ce morne silence des tombeaux ! Là, pouvait-il dire, malgré le faste des mausolées qui décorent cette dernière demeure, on ne pense qu'à ceux dont les vertus sublimes ont illustré la vie ; et de cette longue dynastie, on ne cherche que Henri. Là, les cendres d'un héros sont plus honorées que celles des rois, et l'ombre de Turenne reçoit plus d'hommages que celle du monarque dont il a signalé le règne et par ses conquêtes. Tout ce qui n'est que brillant, s'éclipse dans la nuit du trépas ; les solides vertus résistent seules à la faulx du temps. Il fut cependant un instant où elles ne purent garantir des derniers outrages les restes précieux de ces hommes dont le nom seul aurait dû arrêter les monstres qui osèrent profaner leur tombeau. Comment purent-ils soutenir la présence de Henri qui semblait exister encore ? Comment portèrent-ils leurs mains sacriléges sur ce sein, où, malgré le temps, les marques de la blessure semblaient encore récentes ? Comment rejetèrent-ils sans honneur les ossemens du plus grand capitaine qu'ait eu la France ? Et par quel bonheur furent-ils recueillis, pour être ensuite replacés avec éclat au milieu de sa véritable famille ? Il n'appartenait qu'à celui qui, à peine au printemps de l'âge, a égalé les triomphes de ce grand homme, de lui rendre ces touchans devoirs : par-tout où l'on prononcera le nom de Turenne, on dira : Ce

héros reçut de Louis XIV le plus grand
honneur auquel un sujet pouvait prétendre ; les monstres, semblables aux
hiboux, qui ne peuvent supporter les
rayons du soleil, craignant que la renommée des vertus d'un aussi grand
homme ne servît à faire pardonner à
ceux de sa caste, crurent anéantir la
mémoire de ce héros en l'arrachant de
sa tombe. Cet attentat néanmoins ne fit
qu'en relever la splendeur, en inspi-
rant à celui sur qui reposait alors le
destin de la France, de donner une
preuve authentique qu'il savait révérer
les qualités éminentes, quel que soit le
rang de l'être privilégié de la nature dont
il les a reçues en partage.

Si le comte du Nord, depuis Paul Ier.,
s'est rappelé, comme je n'en doute pas,
l'enthousiasme que le mausolée de
Turenne lui avait fait éprouver ; s'il
a gémi d'apprendre que le vandalisme
l'avait renversé, quelle douce émotion
n'aurait-il pas ressenti en sachant que
l'on avait satisfait aux mânes de cet
homme vraiment célèbre ?

Le 10 juin de la même année, le
comte et la comtesse du Nord se rendirent à Montmorency, où reposaient

les cendres du connétable de ce nom, qui mourut, à près de cent ans, les armes à la main. Ils examinèrent les restes du camp de César, allèrent à l'abbaye de Montbuisson; ils avaient à Saint-Denis rendu hommage aux grandes vertus d'Henri IV : là, ils plaignirent les faiblesses de ce héros, en voyant le tombeau de la célèbre Gabrielle d'Estrées, qui si long-temps le tint dans ses chaînes. La beauté de cette femme avait tellement fasciné les yeux du monarque, que, malgré les sages avis de Sully, il la croyait aussi tendre que fidèle, et reconnut son premier enfant, né plusieurs mois avant le terme que l'on aurait dû compter, si elle n'avait pas eu d'autres amans avant le jour où elle avait cédé à Henri. Elle avait l'art de lui faire croire tout ce qu'elle voulait; mais comme elle était d'un caractère doux et éloigné de l'intrigue, sa mort fut un malheur pour la France; celles qui lui ont succédé dans les bonnes grâces du roi, ayant semé dans la cour de ce prince un esprit de discorde qui troubla trop souvent sa tranquillité.

Le comte du Nord, qui n'ignorait aucune particularité de la vie de ce grand

homme, disait à son auguste épouse :
Qu'il eût été heureux qu'un roi fait pour
être le premier parmi les souverains,
eût pu se borner aux plaisirs tranquilles
de l'hymen ! Mais aussi, ajoutait-il à
la comtesse, quelle différence des deux
reines à ma chère compagne ! Si Henri
eût été l'époux d'une princesse qui eût
eu vos qualités, madame, il aurait été
le modèle des rois ! La princesse rougit
à cet éloge ; et prenant avec affection
la main du comte : Il est facile, lui dit-
elle, d'être bonne et vertueuse avec un
époux comme le mien.

Au moment que les augustes voyageurs allaient sortir de l'église, un vieux
sacristain s'approcha de leurs altesses
impériales, et leur dit : Vous venez d'admirer le mausolée de Gabrielle ; ne jete-
rez-vous donc pas un coup-d'œil sur celui de la reine Blanche qui a fondé cette
abbaye, et dont le modeste tombeau
renferme autant de vertus que celui de
la maîtresse de Henri couvre de charmes?
Madame la comtesse du Nord sentit ce
que cette observation avait de sensé. Il
a raison, dit-elle au comte, les hommes,
en général, sont attirés par tout ce qui
est brillant ; et ici Gabrielle fait le même

25 *

rôle qu'à la cour de Henri, elle éclipse la reine ; cependant, Blanche était une des plus grandes femmes que la France ait vues au rang des épouses et des mères de ses rois. Les voyageurs y pensent à peine ; et lorsqu'ils devraient rendre des hommages à ses cendres augustes, ils ne s'occupent qu'à jeter des fleurs sur celles d'une femme qui, manquant à la première vertu de son sexe, ne fut célèbre que parce qu'elle renonça à l'honneur. Ces principes, qui sont gravés dans le cœur de Paul Ier., ne pouvaient qu'être applaudis par lui ; aussi, s'approchant avec respect de la tombe de Blanche, il y ploya les genoux, et souhaita que toutes celles qui étaient assises sur le trône, laissassent une mémoire aussi illustre que celle de la mère de Saint-Louis.

Ermenonville attira la curiosité de ces princes. Ce magnifique parc, si différent de tous ceux à qui l'on a donné le nom de *jardins anglais*, et qui ne sont pour la plupart que des colifichets d'un mauvais goût, est vraiment, comme ceux de ces insulaires, un pays où l'on a su ménager avec art des sites variés, tels que la nature abandonnée à elle-même se plaît à en offrir. Ils le parcoururent avec admiration ; mais apercevant l'île des Peupliers : Allons, dit la comtesse, voir la terre où repose le meilleur des hommes, et qui, sans le vouloir, dit le fils de Catherine, a fait le plus de mal. Cela est possible, reprit la princesse ; mais je crois aussi qu'on ne l'entend pas. S'il est mauvais politique, on ne peut lui ôter cette sensibilité expansive qui anime tous ses ouvrages. Quelle est la mère tendre qui ne lui sait point gré de tout ce qu'il a écrit pour le bonheur des enfans ? Ses idées sont exagérées, j'en conviens : qui le suivrait à la lettre s'égarerait ; mais on ne peut pas douter que ses intentions ne soient droites, et que bien différent de la plupart des auteurs, il écrit réellement ce qu'il pense. Oui, ajouta le comte ; mais c'est qu'il ne pense pas toujours la même chose, ce qui rend ses ouvrages moins utiles, parce qu'il est impossible de se faire une idée juste de son opinion. Vous verrez, madame, que l'on en abusera, et que, prenant au hasard quelques-uns de ses paradoxes, on lui fera dire ce qu'il n'a jamais dû vouloir affirmer.

- Après avoir rendu à ce génie extraor-

*

dinaire un tribut, non comme princes, mais comme hommes, l'illustre couple se rendit à Chantilly : c'est là que les plaisirs les plus variés les attendaient. Madame la princesse de Lamballe s'y trouva pour faire les honneurs de cette délicieuse retraite, conjointement avec le prince de Condé, le duc et la duchesse de Bourbon, et mademoiselle de Condé. Jusqu'à ce moment, le comte et la comtesse du Nord n'avaient rencontré, dans les fêtes que la famille royale leur avaient données, que la pompe et la magnificence des cours ; mais, dans ce séjour enchanteur, c'était à la nature à faire tous les frais : aussi nos princes, quittant leurs somptueuses parures, reçurent le couple voyageur sous les habits de simples bergers. Que madame de Lamballe était jolie sous ce chapeau de paille, qu'un ruban attachait sous son col ! Comme ce corset d'étamine se prêtait aux mouvemens voluptueux de sa taille ! Un jupon qui rasait à peine la terre, laissait apercevoir ce pied, cette jambe qui aurait pu servir de modèle à nos plus habiles artistes, si, comme autrefois dans la Grèce, c'eût été une action religieuse de concourir aux progrès des arts

par les beautés de la nature : mêlée à
la troupe des bergers, elle vint au-devant du comte et de la comtesse que
l'on conduisit au hameau, séjour enchanté, où, sous le chaume, on trouvait toutes les recherches du luxe.

Laujon, l'auteur de *l'Amoureux de
quinze ans*, connu par d'autres productions aimables, avait été chargé, par
M. le prince de Condé, d'ordonner la
fête ; et pensant que l'illusion ne peut
jamais plaire comme la vérité, il proposa au prince, au lieu de ces fictions
de noces villageoises, où des acteurs
remplissent des rôles qui, terre à terre
ne trompent personne, de marier une
jeune fille belle et pauvre avec celui
qu'elle aime. Le plan fut adopté : en
conséquence, dès que le comte et la
comtesse portèrent leurs pas dans le
hameau, ils aperçurent un groupe de
paysans, qui entouraient des mariés,
qui allèrent aux pieds des autels jurer
de s'aimer toujours. Les princes assistèrent à leurs sermens ; et, partageant
leur bonheur, ils daignèrent se mêler
aux fêtes de la noce. Un repas magnifique fut servi, et sans aucun choix ;
on vit placer à cette même table, les

descendans des rois et les fils de l'humble habitant des champs : la gaîté et la décence y présidèrent, et il semblait que l'on était revenu à ces temps que nous ne regardons que comme des fables, tant ils sont éloignés de nos mœurs, où les souverains s'asseyaient à la même table que le laboureur, dont quelquefois ils partageaient les travaux. Les spectacles succédèrent au festin ; et des théâtres, dont toutes les décorations étaient prises dans la forêt, présentaient une variété qui ne laissait pas le temps de désirer les plaisirs qu'ils offraient. Des vers charmans que Laujon avait composés, peignaient aux illustres voyageurs la joie que leurs hôtes éprouvaient à les posséder : *Il manque un couplet, dit le comte à M. le prince de Condé ; c'est celui qui exprimerait notre reconnaissance des marques d'attachement que vous nous donnez.* On s'égara dans le parc, et on vint sur les bords de cet immense canal qui était couvert de barques légères. On invita Paul Ier. à y monter, et ce fut M. le duc de Bourbon, en habit de marinier, qui conduisit la gondole où il était avec sa femme et les princesses. Madame de Lamballe était

assise auprès de la comtesse, qui lui témoignait, par mille marques d'amitié,
combien elle regrettait d'être forcée de
s'éloigner d'elle. C'était l'impression que
cette charmante princesse faisait éprouver à tous ceux qui la voyaient. Tandis
que les barques voguaient lentement sur
cette belle nappe d'eau, le soleil ne
donnait plus qu'un faible éclat ; et bientôt la nuit déployant ses voiles aurait
couvert cette vallée, si tout-à-coup le
feu d'une immensité de lampions al-
lumés presqu'au même moment, n'eût
remplacé le jour, et ajouté, par leur
vif éclat, à la gaîté de cette fête champêtre, qui fut terminée par un feu d'artifice de la plus brillante exécution.
Madame la comtesse du Nord, à l'instant de quitter les princesses, dit, en
s'adressant à madame de Bourbon, avec
la plus tendre émotion : *Ma destinée
est de ne plus vous voir ; mais vous ne
sortirez pas de mon cœur : si ce n'est pas
une jouissance aussi vive, aussi tendre,
que celle que vous m'avez procurée, nos
lettres au moins nous consolerons des chagrins de l'absence.*

. . . . . . Lorsque la reconnaissance de
madame la comtesse du Nord s'expri-

mait d'une manière si affectueuse, elle était loin d'imaginer que la fille de celui qui venait de lui donner une fête si brillante, s'estimerait un jour heureuse d'avoir un asile dans ses sauvages États.

Peu de jours après, le comte et la comtesse quittèrent la cour, pénétrés des témoignages d'intérêt que leur avaient donnés le roi et la famille royale. Le grand-duc prit dans ses bras Madame, et la serrant contre son cœur : *Charmante enfant,* dit-il, *vous avez déjà les grâces de votre mère ; comme elle, vous subjuguerez tous les cœurs. Je ne vous verrai pas lorsque l'âge aura développé en vous tous les dons qui s'annoncent dès votre enfance ; mais mon imagination me peindra vos charmes, et lorsque j'apprendrai que vous êtes l'ornement d'une cour voisine de celle de France, je me dirai : Je l'ai vue à son aurore ; elle annonçait d'être belle et aimable : heureux celui qui lui est uni ! Mais je ne vous verrai plus.* La jeune princesse, en souriant, lui dit : *M. le comte, j'irai vous voir.* Hélas! ce mot, qui n'était que l'expression de l'amitié d'une enfant, ne s'est que trop vérifié ; et cette illustre orpheline, après avoir échappé aux horreurs de la plus douloureuse captivité, n'a trouvé que dans les Etats de Paul Ier., les seules consolations qui pouvaient lui rester dans ses malheurs; la réunion avec les tristes restes de sa famille, et un époux digne de ses vertus et de ses charmes. Puisse le Dieu de toute justice récompenser cet empereur de la pieuse hospitalité qu'il a donnée aux rejetons épars des descendans d'Henri-le-Grand! Que la gloire de Catherine environne son trône! que la paix et le bonheur qui l'accompagnent lui assurent le règne le plus fortuné! et que, ne confondant plus la nation française avec les tigres qui l'ont asservie pendant les années de deuil et de désolation, il trouve dans une alliance avec elle, les moyens d'accroître les lumières et le commerce de son empire!

Nota. Il a tenu à des circonstances que je n'ai pas besoin de rappeler ici, que je n'ai point parlé que M. le duc de Penthièvre et madame la princesse de Lamballe avaient tenu sur les fonts de baptême le fils de M. de Massiac; qu'il avait fait le même honneur à M. Lemercier, secrétaire de madame de Lam-

balle. M. le duc de Penthièvre fut re-
présenté par le comte de Meré, et j'eus
l'honneur de représenter madame la
princesse de Lamballe. Cet enfant est
devenu l'auteur célèbre de la tragédie
d'*Agamemnon*.

FIN DU PREMIER VOLUME.

loureuse captivité, n'a trouvé que dans les Etats de Paul Ier., les seules consolations qui pouvaient lui rester dans ses malheurs; la réunion avec les tristes restes de sa famille, et un époux digne de ses vertus et de ses charmes. Puisse le Dieu de toute justice récompenser cet empereur de la pieuse hospitalité qu'il a donnée aux rejetons épars des descendans d'Henri-le-Grand! Que la gloire de Catherine environne son trône! que la paix et le bonheur qui l'accompagnent lui assurent le règne le plus fortuné! et que, ne confondant plus la nation française avec les tigres qui l'ont asservie pendant les années de deuil et de désolation, il trouve dans une alliance avec elle, les moyens d'accroître les lumières et le commerce de son empire!

Nota. Il a tenu à des circonstances que je n'ai pas besoin de rappeler ici, que je n'ai point parlé que M. le duc de Penthièvre et madame la princesse de Lamballe avaient tenu sur les fonts de baptême le fils de M. de Massiac; qu'il avait fait le même honneur à M. Lemercier, secrétaire de madame de Lam-

balle. M. le duc de Penthièvre fut re-
présenté par le comte de Meré, et j'eus
l'honneur de représenter madame la
princesse de Lamballe. Cet enfant est
devenu l'auteur célèbre de la tragédie
d'*Agamemnon*.

FIN DU PREMIER VOLUME.